Wolf-Dietmar und Ursula

Unterweger

Die Bauerngärtnerin

Entdeckungsreisende bescherten dem Bauerngarten zahlreiche neue Pflanzen. In der Barockzeit kamen die Astern aus China nach Europa.

Wolf-Dietmar und Ursula
Unterweger

Die Bauerngärtnerin

Erfahrungen · Weisheiten · Ratschläge

rosenheimer

Inhalt

Die Schönheit alter Bauerngärten

Nur dem, der mit offenen Augen übers Land reist, werden sie noch offenbart, die schönen alten Bauerngärten. Sie zu suchen ist eine Zeitreise zurück ins vergangene Jahrhundert, in die Generationen unserer Eltern und Großeltern, oder sogar noch weiter zurück in die Vergangenheit.

Es ist bei aller Aufmerksamkeit nicht einfach, diese traditionellen Bauerngärten aufzuspüren. Nur hin und wieder zeigen sie sich als verzierte Nutzgärten im Dreiklang von Nützlichkeit, Schönheit und Zweckmäßigkeit. Rein zufällig findet man gelegentlich noch eine dieser ökologischen Nischen in einem Dorf.

Sie sind Ausdruck eines überkommenen Wissens der Bäuerinnen im Umgang mit der Natur. Sie haben eine friedvolle, bäuerliche Einheit hinter einem Holzzaun geschaffen, dem Symbol der Umfriedung des Gartens. Seit Generationen pflegen sie ihn ohne den Einsatz von Chemie, lassen Gemüse, Gewürz- und Heilkräuter, Blumen und Beeren gedeihen. Das Geheimnis dieser Paradiese ist die praktische Einteilung.

Jahrzehntelange Reisen übers Land und in die Dörfer ließen uns noch ein paar wenige dieser Kleinode entdecken. Die Bäuerinnen, die sie hegen und pflegen, haben uns von ihrem Garten erzählt, uns gezeigt, dass es jenseits heutiger Schönheitsmaßstäbe noch möglich ist, einen echten Bauerngarten als Ausdruck einer natürlichen Gartenwelt nachfolgenden Generationen zu vermitteln. Sie haben uns erklärt, wie bereits ihre Vorfahren diesen bewirtschaftet haben. Ihr Wissen basiert auf Erfahrungen, die von Generation zu Generation weitergegeben worden sind.

Man säe nur,
man erntet mit der Zeit.

Die heutigen Bauerngärten haben außer dem Namen mit den traditionellen nichts mehr gemeinsam. An die Stelle der schönen, alten Bauerngärten sind Gärten getreten, denen die ausgesprochene Vielfalt verloren gegangen ist und die meist das Abbild eines Wohnzimmers im Grünen

Der Garten ist nicht nur Aufenthaltsort zum Ausruhen, sondern auch ein Ort kreativen Arbeitens. Gartenarbeit auf dem Lande war immer den Frauen vorbehalten.

Seite 4: In den Bauerngärten kennt man den Phlox seit dem 19. Jahrhundert. Die Urform siedelte in den dünn bewaldeten Niederungen des Ohio-Flusses im östlichen Nordamerika. Die reine Wildart findet man nicht mehr, dafür eine Vielzahl von Sorten, von weiß bis zu violett und dunkelstem Rot.

sind. Aufgeräumt und steril werden sie mit viel Mühsal und aufwändigen, modernen Gartengeräten in Ordnung gehalten.

Beim Betrachten der alten Gärten hingegen wird uns eine lange Geschichte des Bauerntums erzählt. Uralte Sitten und Überlieferungen sind erkennbar. Viele Epochen spiegeln sich darin. Dass solche Bauerngärten über Jahrhunderte hinweg in ihrer Gestaltung und in der Auswahl ihrer Pflanzen gleichgeblieben sind, verdanken wir der Beharrlichkeit einiger weniger Bauersfrauen und deren Liebe zur Tradition. Bauersfrauen, die auf diese Weise ein konkretes Stück Kulturgeschichte erhalten haben. Dank ihrer Lebenshaltung sind ländliche Kultur und bäuerliches Brauchtum lebendig geblieben und werden heute von jungen Frauen – und nicht nur Bäuerinnen – mit großer Freude wieder neu entdeckt. Die Bäuerinnen zeigen uns mit ihren Gärten, dass der Mensch in enger Beziehung zu den Pflanzen stand und wieder stehen muss, um dem Schöpfungsauftrag gerecht zu werden. Den pfleglichen Umgang mit der Erde als dem größten Gut, das uns gegeben ist, leben diese Bäuerinnen uns vor.

Die Geburtsstunde des Gartens liegt in vorgeschichtlicher Zeit, als aus Nomaden sesshafte Bauern wurden. Die Pflanzen, die sie auf der Suche nach Nahrung kennen gelernt haben, sind in diesem anfangs reinen Nutzgarten heimisch geworden.

Es bedurfte einer langen Entwicklung, bis aus den damals kultivierten Wildpflanzen die heutigen Gemüse- und Zierpflanzen geworden sind. Manch eine dieser in Kultur genommenen Wildpflanzen ist wieder zurückgekehrt in die Natur. Andere sind zu Hack- und Feldfrüchten geworden und aus dem Garten verschwunden. In der Nähe der menschlichen Siedlungen wurden die Pflanzen angebaut, die wir auch heute noch in den Bauerngärten finden. Sie mussten vor Wild- und Haustieren geschützt werden. Der Zaun wurde somit zur Grenze des Gartens. Auch wenn es heute im Trend liegt, zwischen Nachbargrundstücken keine Zäune mehr zu errichten, so kennt der Bauerngarten von Anfang an den Zaun als wesentliches Element. Er ist ebenso nützlich wie notwendig. Das war er früher, und das wird er auch morgen noch sein.

Schon in der mittleren Steinzeit aßen die Menschen Erbsen, Linsen, Saubohnen, Karotten, Mohn und Pastinaken. Die Germanen holten sich Kräuter in den Garten, die wir heute für Unkräuter halten. Wegwarte, Wegerich, Guter Heinrich, Ampfer und Brennnesseln wurden als zusätzliche Gemüsearten geschätzt. Schon der germanische Bauer war offen für alles Neue. Die Römer drangen mit ihrer Gartenkultur bis nach Mittel- und Nordeuropa vor. Die Pflanzen, die sie mitbrachten, wurden in den Klostergärten kultiviert und fanden von dort aus den Weg in die germanischen und keltischen Bauerngärten. Auch wenn damals nur wenige Nutzpflanzen angebaut wurden, so fanden nun Würz- und Heilkräuter wie Anis, Kerbel, Dill, Senf, Schnittlauch, Koriander und Thymian weitere Verbreitung. Beliebte Zierpflanzen wie Rose und Lilie waren in den Bauerngärten der Spätantike bereits vertreten.

Die Völkerwanderung vernichtete diese frühe europäische Gartenkultur. Armut und Not ließen aus blumenverzierten Gärten wieder nüchterne Nutzgärten entstehen. Obst und andere Früchte wie Trauben, Kirschen, Walnuss und Kastanie sind uns bis heute geblieben.

Schon im frühen Mittelalter haben sich Mönche sehr intensiv mit dem Gartenbau beschäftigt und daraus einen reichen Erfahrungsschatz angesammelt. Sie wussten, wie man Obst und Gemüse, Gewürz- und Heilkräuter anbaut. Dies und auch das Wissen über die Verwendung dieser Pflanzen gaben sie der Landbevölkerung weiter.

Aus dem St. Gallener Klosterplan vom Jahr 816 wird deutlich, dass für Bauerngärten bereits eine bestimmte Gliederung, eine gewisse Ordnung in der Bepflanzung üblich war. Man ist sich sicher, dass diese Zeit den viergeteilten Garten mit dem Wegkreuz und dem Rondell in der Mitte hervorgebracht hat.

Einigen Bäuerinnen, denen wir begegnet sind, war die Landgüterverordnung »Capitulare de villis et curtis imperialibus« aus der Zeit Karls des Großen (742–814) durchaus ein Begriff. Denn sie beschäftigen sich nicht nur praktisch mit dem Garten, sondern sie lesen auch Bücher und Zeitschriften zu diesem Thema.

Im 70. Kapitel dieser Verordnung heißt es unter der Überschrift »de herbis hortulanis« wörtlich: »Volumus quod in horto omnes herbas habeat, id est lilium, rosas …« »Wir wünschen, dass man im Garten alle Pflanzen habe wie Lilie, Rose …« 73 Pflanzenarten, Gemüse, Würz- und Heilkräuter, sowie 16 verschiedene Bäume, die essbare Früchte tragen, sind aufgeführt.

Alle Pflanzen wurden zunächst als Nutzpflanzen betrachtet. Von dieser Zeit an wurde es zur Regel, den Obst- vom Gemüse- und Kräutergarten zu trennen. Der Grasgarten wurde nunmehr zum Standort von Hochstammobstbäumen.

Der Bauerngarten, wie er von den Bäuerinnen in alter Tradition bis heute gepflegt wird, hat aber noch viele Jahrhunderte an Entwicklung und Veränderungen vor sich.

Wer sich mit der Geschichte des Bauerngartens beschäftigt, kommt an Hildegard von Bingen, der Äbtissin des Benediktinerklosters auf dem Rupertsberg bei Bingen (1098–1179) nicht vorbei. Sie vermittelte auf Grund einer göttlichen Forderung – »Schreibe, was du siehst und hörst« – den Bauern und Bäuerinnen weiteres Wissen um die Heilwirkungen der Kräuter und den Umgang mit den Pflanzen im Garten. Sie war nicht nur eine vergeistigte Mystikerin, sondern arbeitete auch praktisch in ihrem reichhaltigen Arzneigarten.

Die berühmte Äbtissin war kein Einzelfall. Auch zahlreiche namentlich nicht mehr bekannte Mönche aus dem Mittelmeerraum brachten ihr Wissen um Pflanzen und bisher unbekannte Gewächse mit nach Mitteleuropa. Während der Kreuzzüge kam Europa in intensiven Kontakt mit den damals überlegenen Kulturen des Orients, und im Gefolge der Kreuzritter kamen Türkenbund, Rittersporn und Ysop in unsere Gärten. Ihrer großen Heilwirkung wegen fanden diese Pflanzen schnelle Verbreitung und wuchsen bald in fast allen Bauerngärten.

In der Renaissance begannen die Menschen mit Wissbegier und Eifer, die Natur zu erforschen. Alles, was in der Natur wuchs, wurde mit ersten Ansätzen wissenschaftlicher Methodik erforscht, besonders Pflanzen, die im Ruf einer therapeutischen Wirkung standen. Dazu brauchte man Gärten. Was auf den Beeten der Gelehrten gedieh, fand bald den Weg zu den einfachen Menschen. Die Bäuerinnen pflanzten, was ihnen und ihrer Familie wichtig erschien – zum Leben einerseits und zur Gesunderhaltung andererseits.

Mit der Renaissance setzte auch das Zeitalter der Entdeckungen ein. Spanische und portugiesische Seefahrer durchquerten für unüberwindlich gehaltene Ozeane und landeten an den Küsten unbekannter Länder. Ihnen folgten Abenteurer, meist getrieben von der Gier nach Gold, und Kolonisten aus allen Ländern Europas, die auf fruchtbares Land und ein besseres Leben hofften. Die Schiffe brachten eine Fülle von Pflanzen mit nach Europa, meist in Form von Samen und Zwiebeln. Was an den Küsten der großen Kolonial- und Handelsmächte – England, Frankreich, Spanien und den Niederlanden – an Unbekanntem ausgeschifft und angepflanzt wurde, fand auf verschlungenen Pfaden den Weg in deutsche Gärten. Langsam begann sich der Bauerngarten auch farblich zu verändern. Die Sonnenblume, die Tulpe, die Kaiserkrone, die Dahlie, die Herbstaster, die Kapuzinerkresse, die Brennende Liebe und viele andere Zierpflanzen hielten Einzug in den Garten.

Doch auch in der langen Geschichte des Bauerngartens ist nichts so beständig wie der Wechsel. Mit dem Dreißigjährigen Krieg (1618–1648) brach die bislang größte Katastrophe über Deutschland und die angrenzenden Länder herein. Die Bevölkerung schrumpfte dramatisch, Kriegsgreuel und Seuchen ließen ganze Landstriche veröden. Diese düstere Zeit kannte keinen verzierten Nutzgarten. Was Jahrzehnte zuvor noch schön geblüht hatte, wurde durch Gemüse verdrängt. Die Gartenkultur kam gänzlich zum Erliegen. Die Bauern litten am meisten. Schon seit dem Spätmittelalter zunehmend von Unfreiheit, Abgaben und Frondiensten bedrückt, wurden sie zu hilflosen Opfern des Krieges, ausgeplündert von den umherziehenden Heeren, von marodierenden Scharen oft ihrer letzten Lebensgrundlagen beraubt.

Erst in der Zeit der Aufklärung erholte sich der Bauernstand allmählich wieder, und im 19. Jahrhundert fielen mit der Grundherrschaft die letzten Bedrückungen. Nun waren viele Bauern wohlhabend und selbstbewusst, und das kam auch ihren Gärten zugute. Sie füllten sich wieder mit einer Vielfalt von Pflanzen, erstrahlten in neuer Blütenpracht. Reiche Bauern ahmten die höfische Kultur nach und übernahmen Gestaltungselemente französischer Gartenkunst. Man pflanzte Buchs, säumte mit diesem die Beete und Wege und erfreute sich eines Blumenrondells.

Dieses Buch soll dazu beitragen, die Sterilität des städtischen Gartenstils im Bauerngarten zu überwinden. Blaufichten, Waschbetontröge, planlos auf glattgeschorenem Rasen herumstehende Krüppelkoniferen sind naturwidrig und tragen nicht zur ökologischen Nützlichkeit bei. Denn nur in den alten Bauerngärten vereinen sich Werte wie Nachhaltigkeit, Schönheit und Nützlichkeit. Die Bauerngärtnerinnen, denen wir begegnet sind, geben uns Ratschläge, teilen uns ihre Erfahrungen mit. Ihre Weisheiten sind von immerwährender Gültigkeit. Mögen ihre Gärten noch vielen nachwachsenden Generationen ein Vorbild sein, an dem sie sich messen können und in denen sie Erfüllung finden.

Erinnerungen an längst vergangene Zeiten: Der Flechtzaun aus Weidenruten war bereits im frühen Mittelalter verbreitet.

Früher war die echte Kamille *(Matricaria chamomilla)* häufiger in Äckern, auf Brachland und an Wegrändern zu finden, weniger in Bauerngärten. In Gegenden, in denen sie in der Natur nicht stark verbreitet ist, wie in den Alpen, kultiviert man sie im eigenen Garten. Diese Bauerngärtnerin aus den Dolomiten weiß die echte Kamille sehr wohl zu schätzen. »Die hilft gegen Entzündungen, Krämpfe und stillt Schmerzen. Wenn ich Darmstörungen oder eine Kolik habe, dann trinke ich eine Tasse Kamillentee. Wissen Sie, früher war sie ein wichtiges Zauberkraut. Man hat die Kamillenpflanze gebündelt und in der Stube aufgehängt. Wenn eine Frau hereinkam und das Bündel bewegte sich, so wusste man gleich, dass sie eine Hexe ist. Was mit dieser dann geschah, das war sehr schlimm. Verbrannt hat man solche Frauen. Gott sei Dank ist diese Zeit vorbei.«

Schon als Kind wollte ich Gärtnerin werden

Aber ich habe in eine Landwirtschaft eingeheiratet, und seitdem ist der Garten mein Hobby. Im Sommer verbringe ich jede freie Minute in meinem Garten, und dann wird es meist sehr spät. Oft ist es schon dunkel, wenn ich endlich ins Haus komme. Da sagt mein Mann immer: »Du übernachtest noch mal im Garten.«

Erst wenn der Boden im Frühjahr nicht mehr an den Schuhen kleben bleibt, kann mit der Gartenarbeit begonnen werden. Und die endet erst wieder im späten Herbst.

Ich überlege mir schon im Winter, wo und wie ich die Pflanzen setze. Auch das Saatgut habe ich dann schon bestellt, und wenn ich noch altes vom vorigen Frühjahr habe, mache ich immer eine Keimprobe. Dazu lege ich ein paar Körner auf ein Stück nasses Küchenkrepp, oder ich säe das Saatgut in einen Blumentopf. In meiner warmen Küche wird es keimen, sofern es keimfähig ist. Daran sehe ich, ob das andere Saatgut noch in Ordnung ist.

Auf der Fensterbank in der Küche habe ich schon im zeitigen Frühjahr Kresse, Schnittlauch, aber auch allerlei Keimsprossen gezogen. Die Sprossen schmecken besonders gut im Winter, wenn im Garten gar nichts Frisches wächst.

An kalten, ruhigen Wintertagen nehme ich mir die Zeit, mich auf das neue Gartenjahr einzustimmen. Da lese ich in Gartenbüchern, die mir meine Kinder immer schenken, und in Gartenzeitschriften. Denn auf diese Weise holt man sich Anregungen und macht nicht immer stur das Gleiche. Wenn ich auf den Bildern schöne Blumen entdecke, die ich noch nicht in meinem Garten habe, dann bestelle ich mir jetzt schon den Samen dazu. Am besten gefallen mir die offenblühenden Blumen, Blüten, wie sie schon meine Großmutter kannte. Ich finde, sie sehen einfach schön aus. Vieles von dem, was ich als vermeintlich aktuellste Erkenntnis lese, ist mir nicht neu. Ich habe das immer schon so gemacht.

Wenn ich aus dem Fenster schaue, und den unter einer Schneedecke liegenden Garten betrachte, dann kann ich mir jetzt schon vorstellen, wie ich ihn im nächsten Frühjahr bepflanzen werde. Das habe ich dann schon alles im Kopf.

In meinem Garten wachsen viele Kräuter, die ich für Tees oder Salben und Tinkturen verwende. Auf diesem Gebiet kenne ich mich gut aus. Ein sonniger Vormittag ist die beste Zeit, um Kräuter zu ernten. Die Blätter und Blüten sind abgetrocknet, und die Wirkstoffe in den Pflanzen haben ihre volle Kraft entwickelt. Dann lege ich Blüten und Blätter an einem schattigen, trockenen Ort zum Trocknen aus oder hänge sie auf. Wenn sie trocken sind, kommen sie in gut verschließbare Gläser oder Dosen. So habe ich den ganzen Winter über guten, gesunden Tee und Heilkräuter.

Auch in der Kräuterheilkunde bin ich ein wenig bewandert. Viele kleine Wehwehchen kann ich mit meinen Kräutern lindern oder sogar heilen. Aber bei ernsten Beschwerden gehe ich natürlich zum Arzt. Mit der Gesundheit darf man keinen Scherz treiben, und wer immer sich mit Kräuterheilkunde befasst, muss in erster Linie wissen, wo seine Grenzen sind.

Im Oktober räum den Garten, denn willst du warten, so kommt die Kälte und nimmt die Hälfte.

Bei kleineren, harmlosen Beschwerden aber sind die alten Naturheilmittel goldrichtig. Zum Beispiel bei Blähungen oder Unwohlsein im Magen, da hilft mir immer mein Wermuttee. Er schmeckt zwar scheußlich, aber er wirkt. Zur Blutreinigung, besonders im Frühjahr oder wenn mich Rheumaschmerzen plagen, trinke ich meinen Brennnesseltee oder mache mir eine Mischung aus Schafgarbe, Zinnkraut, Brennnesseln, Wacholder und Pfefferminze. Auch dieser Tee wirkt bei mir immer. Bei großen Aufregungen steht mir Baldrian zur Seite. Er ist mein Freund, unterstützt mein Herz und beruhigt meine Nerven. Auch wenn ich in der Nacht nicht schlafen kann, trinke ich schluckweise eine Tasse Baldriantee. Sogar bei Kopfschmerzen wirkt dieses alte Hausmittel Wunder. Es ist einfach vielseitig einsetzbar.

Wenn dann die Erkältungsgefahr zunimmt, alles um mich herum niest und hustet, dann kommt mein Holundersaft, den ich im Herbst eingekocht habe, zum Einsatz. Jeden Morgen ein kleines Glas davon getrunken, mobilisiert er meine Abwehrkräfte. Auch mein Rote-Rübensaft beugt Erkältungskrankheiten vor.

Der Garten ist die Apotheke des armen Mannes.

Es klingt zwar wie Hokuspokus, aber bei fiebrigen Erkältungen hilft es wirklich, wenn man sich eine Kette mit Knoblauchzehen und Zwiebelringen, an einer Schnur aufgereiht, um den Hals hängt. Die Verschleimungen lösen sich dann meistens schnell auf. Auch Ysoptee wirkt schleimlösend bei Bronchitis. Bei Ohrenschmerzen koche ich eine Kartoffel, zerdrücke sie und gebe sie in ein Säckchen, das ich auf die schmerzende Stelle lege. Oft klingen die Schmerzen unter dem wohltuenden Einfluss der Wärme schnell ab. Ist dies aber nicht der Fall, dann heißt es: Sofort zum Arzt gehen. Denn eine nicht sachgerecht behandelte Mittelohrentzündung ist sehr gefährlich.

Schluckauf lässt sich mit ein wenig Kümmel, in warmem Wasser getrunken, schnell beheben. Aber auch Arnika, Dill und Wacholder beruhigen oftmals das gereizte Zwerchfell. Gelegentliches Sodbrennen wird durch das Kauen von Brombeerblättern vertrieben. Hier hilft aber auch der etwas bitter schmeckende Wermut. Wenn diese Beschwerden jedoch häufiger auftreten, ist ein Arztbesuch unumgänglich.

Wenn meine Kinder erbrechen mussten, habe ich ihnen schnell einen Pfefferminztee aus frischen Minzeblättern gekocht. Diesen mussten sie schluckweise trinken. Auch bei Durchfall bekamen sie Kamillen- oder Pfefferminztee und durften nur Zwieback essen.

Besonders hervorheben möchte ich meine geliebten Ringelblumen. Aus ihren Blüten stelle ich jedes Jahr eine Ringelbumensalbe her, die dazu beiträgt, dass die Haut geschmeidig bleibt. Gegen Warzen habe ich in meinem Garten Schöllkraut. Die aus dem Stängel kommende Milch wird auf die Warze gedrückt. Schon nach ein paar Tagen bemerkt man, wie die unliebsame Hautwucherung kleiner wird, und nach öfterem Wiederholen der Behandlung ist die Warze fast unbemerkt verschwunden.

**Wer eine gute Ernte hat,
kann ein paar Disteln ertragen.**

Jedes Jahr fülle ich mir mein Kräuterkissen mit allen Kräutern, die ich gezogen und getrocknet habe. In einen kleinen, luftdurchlässigen Kissenbezug kommen Lavendel, Majoran, Anis, Kalmus, Rosenblätter, Thymian, Rosmarin und was ich sonst noch alles an Kräutern finde. Im Raum und im Schrank verbreitet dieses Kissen einen herrlicher Duft, den ich keinesfalls missen möchte. Die Aromastoffe der Kräuter werden auf diese Weise inhaliert, und der menschliche Organismus wird gestärkt.

**Wer will haben,
der muss graben.**

Heilkräuter dürfen auf keinen Fall zu lange gekocht werden, sonst verlieren sie ihre wertvollen Wirkstoffe. Die meisten Kräuter trockne ich, um Tee aufzubrühen. Aus manchen mache ich Salben, oder ich setze damit einen Kräuterschnaps an. Auf diese Weise habe ich für Notfälle immer ein passendes Mittel zu Hause.

Auch für die Pflanzen haben meine Kräuter wichtige heilende Eigenschaften. Zum Beispiel eignet sich die Brennnessel wunderbar zum Mulchen und trägt zur Humusbildung bei. Die Geize, die ich an den Tomaten entferne, lege ich zwischen meine Kohlpflanzen. Dadurch wird verhindert, dass der Kohlweißling darauf seine Eier ablegt. Und zur Düngung der Pflanzen stelle ich Kräuterjauche her.

Die Kapuzinerkresse schmeckt nicht nur zu Quark oder zu Salaten, auch zwischen Tomaten, Stangenbohnen oder auf der Baumscheibe der Obstbäume hat sie eine wichtige ökologische Funktion.

Wenn ich so darüber nachdenke, fällt mir ein, dass ich schon als Kind Gärtnerin werden wollte, und wenn ich ganz ehrlich bin, muss ich zugeben, dass ich mich schon immer gern der Naturheilkunde widmen wollte.

Je höher ein Bauerngarten liegt, desto geringer ist die Vielfalt der angebauten Pflanzen. Die Nutzpflanzen und Kräuter überwiegen. In Südtirol beispielsweise sind solche Gärten mit einem Bretterzaun umgeben.

In Südtirol weiß der Volksmund, dass Mohn bei abnehmendem Mond, der aber noch groß sein muss, gesät werden sollte. Zeitig im Jahr hat die Aussaat zu erfolgen, denn er sollte »mitn Fuaß in Eis stian«, damit die Pflanze im September große Früchte trägt.

Omas Garten war bis vor wenigen Jahren ein gewohnter Anblick auf dem Lande. Heute fragt man sich, selbst in Südtirol in den Dolomiten: Wo sind sie geblieben, die heimischen Gärten, die wilde Schönheit mit nützlicher Ernte verbinden?

Im Bauerngarten: Zu jeder Pflanze die passende Nachbarschaft. Man sieht dem Gemüse an, dass die Nähe der Blumen ihm gut tut.

Ein echter, alter Bauerngarten – in jahrhundertealter Tradition angelegt, gehegt und gepflegt. Wo wenig Platz ist, da müssen schmale Bretter zum Begehen des Gartens ausreichen.

Ein echter, alter Bauerngarten: Wer mit Heilkräutern Krankheiten vorbeugen und heilen möchte, dem bietet der eigene Kräutergarten einen guten und zudem noch billigen Gesundheitsschutz. Die Bauersfrau weiß, dass die echte Kamille, auch Mägdeblume, Mutterkraut, Kummerblume, Lungenblume genannt, zu den meistgefragten Heilpflanzen gehört. Sie sammelt die Blütenköpfchen ohne Stiele und Blätter und bewahrt sie getrocknet und gut verschlossen auf.

Unser Auge verlangt nach guten und schönen Bildern. Wer beim Anblick eines solchen Zaunes nicht ins Schwärmen gerät, dessen Sinne sind für das schöne Alte verkümmert. Ein Speltenzaun in Südtirol, bei dem die Zaunhölzer mit frischen Fichtenästen, zur besseren Biegsamkeit im Feuer schwach erhitzt, an die Querlatten geflochten sind. Ein Zaun, der zur Nachahmung einlädt.

Der Mond ist mein wichtigster Helfer im Garten

Im Frühjahr grabe ich die Beete drei Mal um. Das erste Mal bei zunehmendem Mond im Sternzeichen Löwe, das zweite Mal bei abnehmendem Mond im Sternzeichen Steinbock und das dritte Mal bei abnehmendem Mond bei einem beliebigen Sternzeichen. Dadurch wird das Unkraut am Wachsen gehindert.

Die Erde muss sehr behutsam bearbeitet werden, damit das Bodenleben nicht geschädigt wird. Die kleinen Lebewesen sind für einen fruchtbaren Boden sehr wichtig. Deshalb muss die Erde auf den Beeten gut gelockert und gelüftet werden. Wenn die Aussaat aufgegangen ist, muss der Boden gehackt und dünn gemulcht werden. Das ist ganz wichtig. Bei abnehmendem Mond ist die beste Zeit zum Unkrautjäten im Garten. In dieser Zeit wächst das Unkraut nicht mehr nach. Man muss aber aufpassen, dass man die Nutzpflanzen dabei nicht verletzt. Diese könnten sonst eingehen.

Es gibt keinen Garten ohne Unkraut.

Ein ganz besonderer Tag fürs Unkrautjäten ist der Vormittag des 18. Juni. Denn es heißt, dass alles Unkraut, das an diesem Vormittag gejätet wird, nie mehr nachwächst. Ich habe schon oft an diesem Tag das Unkraut herausgezogen. Es stimmt wirklich, nichts ist mehr nachgewachsen – dafür ist anderes hochgekommen.

**Wenn der Gärtner schläft,
pflanzt der Teufel Unkraut.**

Weitere günstige Tage für das Unkrautjäten sind die Tage bei abnehmendem Mond im Zeichen von Steinbock, Widder und Jungfrau.

Ganz wichtig ist auch zu wissen, wann man nach dem Mond sät und pflanzt. Dahinter verbirgt sich uraltes, überliefertes Wissen – Regeln, die schon meine Großmutter, meine Mutter und meine Schwiegermutter gekannt und nach denen sie gearbeitet haben.

Alles, was über der Erde wächst, muss immer bei zunehmendem Mond oder absteigendem Mond gesät und

»Nicht nur Aussaat und Ernte werden vom Mond beeinflusst. Man weiß auch, dass der Mond Wirkungen auf den menschlichen (und tierischen) Körper hat. Das Wachstum verschiedener Pflanzen wird von den unterschiedlichen Mondphasen beeinflusst. Der Erfolg des Umgrabens, der Bewässerung der Düngung, des Jätens und der Schädlingsbekämpfung hängt ganz wesentlich vom richtigen Zeitpunkt ab, der vom Stand des Mondes bestimmt wird.«

gepflanzt werden. Was unter der Erde wächst, muss bei abnehmendem Mond oder aufsteigendem Mond gesät und gepflanzt werden.

Einmal habe ich Zwiebeln bei zunehmendem Mond in die Erde gesteckt. Wundersamerweise sind die Zwiebeln am nächsten Tag wieder auf der Erde gelegen. Dann habe ich gewartet, bis der Mond abnahm, und da blieben sie alle im Boden und wuchsen wunderbar.

Das ist natürlich alles keine Hexerei, sondern, wie Ebbe und Flut, auf die Naturgesetze zurückzuführen – genauer gesagt, auf die Anziehungskraft des Mondes. Die Urelemente Erde, Wasser, Luft und Feuer sind nach alter Lehre den verschiedenen Tierkreiszeichen, Widder, Stier, Zwillinge, Krebs, Löwe, Jungfrau, Waage, Skorpion, Schütze, Steinbock, Wassermann und Fische zugeordnet. Sie geben ihre Kraft an die Natur und an den Menschen weiter. Die stärkste Kraft auf uns Menschen, auf die Tiere und auf die Natur entwickelt das Sternzeichen, das der Mond gerade durchläuft. In jedem Sternzeichen hält sich der Mond zwei, manchmal drei Tage lang auf. Jedes Sternzeichen besitzt Impulseigenschaften, die auf die Pflanzen, aber auch auf den Menschen wirken. So wirkt das Sternzeichen Widder auf das Pflanzenteil Frucht. Es besitzt das Element Feuer und hat die Tagesqualität Wärme. Stier beeinflusst das Pflanzenteil Wurzel, hat das Element Erde und die Tagesqualität Kälte. Zwilling wirkt auf das Pflanzenteil Blüte, besitzt das Element Luft und hat die Tagesqualität Luft und Licht. Krebs hat großen Einfluss auf das Pflanzenteil Blüte. Er besitzt das Element Wasser und hat die Tagesqualität Wasser. Löwe wirkt auf das Pflanzenteil Frucht, besitzt das Element Feuer und ist ein Wärmetag. Jungfrau beeinflusst das Pflanzenteil Wurzel, hat das Element Erde und ist ein Kältetag. Waage wirkt auf das Pflanzenteil Blüte, besitzt das Element Luft und ist ein Luft- und Lichttag. Skorpion wirkt auf das Pflanzenteil Blatt, besitzt das Element Wasser und ist ein Wassertag. Schütze beeinflusst das Pflanzenteil Frucht, hat das Element Feuer und ist ein Wärmetag. Steinbock wirkt auf das Pflanzenteil Wurzel, besitzt das Element Erde und ist ein Kältetag. Wassermann hat Einfluss auf das Pflanzenteil Blüte, besitzt das Element Luft und ist ein Luft-Lichttag. Fisch wirkt auf das Pflanzenteil Blatt, besitzt das Element Wasser und ist ein Wassertag. Dieses Wissen habe ich mir angelesen und versuche nun, es anzuwenden. Denn es ist Voraussetzung, wenn man genau nach dem Mond leben und arbeiten will.

An Sankt Johanni Abend (24. Juni)
leg die Zwiebeln in ihr kühles Beet.

Um ein gutes Gedeihen im Gartenjahr und eine gute Ernte zu erreichen, spielt es eine große Rolle beim Säen und Pflanzen, durch welches Sternzeichen und die dazugehörigen Qualitäten der Mond gerade wandert. Will ich z. B. Tomaten säen, muss ich mir überlegen, ob Tomaten Früchte, Wurzeln, Blüten oder Blätter sind. Tomaten sind Früchte und wachsen über dem Boden. Also wähle ich mir zum Aussäen einen Fruchttag, und das im Sternzeichen Widder, Löwe oder Schütze, im zunehmenden Mond oder bei absteigendem Mond. Beim Säen von Gelben Rüben beachte ich Folgendes: Gelbe Rüben sind Wurzeln, sie wachsen unter der Erde. Also säe ich an einem Wurzeltag im Sternkreis Jungfrau, Stier oder Steinbock bei abnehmendem oder bei absteigendem Mond.

Ebenso gehe ich bei Spinat und Mangold vor. Sie sind Blätter und wachsen über der Erde. Ich säe an einem Blatttag im Tierkreiszeichen Krebs, Skorpion oder Fische bei zunehmendem Mond. Eine Ausnahme bildet der Salat. Er soll bei abnehmendem Mond gesät werden.

**Graben und Hacken
macht rote Backen.**

Kartoffeln bringe ich immer kurz nach dem Vollmond unter die Erde. Blumen hingegen sind Blüten und sollten an einem Blütetag, Zwillinge, Waage oder Wassermann bei zunehmendem Mond gesät werden.

Bei Neumond lege ich im Garten einen Ruhe- und Erholungstag ein. Dieser Mondwechsel wirkt sich ungünstig auf alle Arbeiten im Garten aus. Lediglich den Rückschnitt von kranken oder von schädlingsbefallenen Pflanzen nehme ich an einem solchen Tag vor.

Auch bei Vollmond beschränke ich mich auf einige wenige Arbeiten in meinem Garten. Was an diesem Tag besonders gut wirkt, ist das Düngen der Pflanzen. Sie nehmen an Vollmondtagen die Düngung besonders gut auf. Sollte der Vollmond jedoch auf einen Löwetag fallen, dann verzichte ich auch auf das Düngen. Denn der Dünger würde die Pflanzen verbrennen. Auch das Gießen der Pflanzen ist bei Vollmond besonders wirksam. Dafür sollte man auf Säen und Pflanzen, Zurückschneiden und Jäten verzichten.

Bei abnehmendem Mond, so sagt man, atmet die Erde aus, die Säfte fließen nach unten und gehen in die Wurzeln. Deshalb ist jetzt die besten Zeit zum Säen und Pflanzen von Wurzelgemüse. Günstig ist es, an Wassertagen wie Krebs, Skorpion oder Fische, die Pflanzen zu gießen. Zum Düngen und Kompostieren von Gemüse sind dagegen Widder- und Schützetage geeignet.

Auch das Jäten und Lockern der Beete und das Ausreißen von Unkraut erledige ich bei abnehmendem Mond am besten an einem Steinbocktag.

Der Kompost ist die Sparbüchse des Gärtners.

Bei abnehmendem Mond setze ich meinen Komposthaufen neu an. Dadurch verrottet alles viel schneller.

Bei zunehmendem Mond atmet die Erde ein, und die Pflanzen, die über der Erde wachsen, werden begünstigt. Solche Pflanzen säe ich an diesen Tagen. Außerdem vermehre ich Stecklinge oder topfe Pflanzen um. Das Gießen ist besonders an Wassertagen, Krebs, Skorpion oder Fische günstig. Und was in diesem Mond besonders gut wirkt, ist die Schneckenbekämpfung.

Aber ich vergesse bei allen Arbeiten mit dem Mond und den Sternen auch unseren lieben Schöpfer nicht. Ich bin mir sicher: Er ist es, der über allem steht, der wachsen und gedeihen lässt.

Der Wintereinbruch kam zu schnell. Nun brauchen der Salat und das Gemüse nicht mehr gegossen werden.

Im Unteren Allgäu gibt es nur noch selten solch harmonisch in die Landschaft eingebettete Bauerngärten, die Zeugnis ablegen von der Größe des Geheimnisses dieser alten traditionsreichen Gärten. Hier ist Vergangenes noch lebendig.
Wer die Blumenstauden, die Kräuter und das Gras entlang des Zaunes über den Winter stehen lässt, der handelt im Sinne der Natur. Die Tiere danken es ihm.

Die Stockrose, Stockmalve *(Alcea rosea)*, ist eine alte Bauerngartenpflanze. Sie ist seit dem 16. Jahrhundert bekannt und stammt aus dem östlichen Mittelmeerraum. Anfänglich kannte man nur einfachblühende Formen, später kamen gefüllte Sorten hinzu. Sie blühen von Juli bis September und brauchen einen warmen und sonnenbeschienen Platz. Stockrosentee hilft bei Husten und Heiserkeit.

Ohne besonderes Zutun ist die Schafgarbe als Unkraut, besser als Begleitflora, in den Bauerngarten gelangt. Doch nach und nach wurde sie durch kultivierte Sorten, die es in der Zwischenzeit in allen Farben gibt, verdrängt.
Die Alten rieten, dass Schafgarbe »zur Sicherheit« immer im Schuppen hängen sollte. Später wusste man den ursprünglichen Grund nicht mehr. Man glaubte, sie schütze vor Dieben. In Wirklichkeit wirkt sie blutstillend.

Einen gewissen Zustand der Verwilderung mit einheimischen Pflanzen zu tolerieren, sich für mehr Natur im Garten zu entscheiden, trägt dazu bei, den Bauergarten in seiner Funktion als Schutzraum für Natur und Umwelt ins Bewusstsein zu rücken. Dieser Bauerngarten demonstriert Nachhaltigkeit im wahrsten Sinne des Wortes; er liegt im schweizerischen Baselbiet.

In typischen Urlaubsgebieten findet man sehr häufig optisch getrimmte Bauerngärten, bei denen viele Blumenstauden schon außerhalb des Gartens entlang des Zaunes wachsen. Der Betrachter erhält dadurch eine falsche Vorstellung von dem, was eigentlich ein echter Bauerngarten ist.

Über Jahrhunderte musste der Bauerngarten den Bedarf der Küche decken. Gemüse und Kräuter herrschten vor. Heutzutage verdrängt die Blumenfülle das Gemüse, das im Supermarkt günstig angeboten wird – allerdings in oft fragwürdiger Qualität und mit Chemikalien belastet.

»Wir haben überhaupt
keinen Grund,
hochmütig gegenüber
Brennesseln zu sein,
Unkräutern ihre
Daseinsberechtigung
abzusprechen. Sie
verbessern den Boden
und helfen den
Schmetterlingen zu
überleben. Wer die
Welt immer noch in
Kraut und Unkraut
einteilt, hat sie
nicht verstanden.«

Ich habe den Garten von meiner Schwiegermutter geerbt

Bei uns in Norddeutschland liegen die Bauerngärten im Allgemeinen direkt am Haus. Hinter dem Haus, wie auch an der Seite des Hauses, etwas vom Haus entfernt, sind sie natürlich auch anzutreffen, aber das sind Ausnahmen.

Ich mache meine Arbeit gerne, auch wenn gewisse Pflichten damit verbunden sind. So müssen im Sommer die Pätte (Wege) alle drei Wochen gründlich durchgeschaufelt und geharkt werden. Am Wochende muss ich den ganzen Garten »sunndagsfien« (sonntagsfein) machen. Auch dafür müssen die Wege zumindest geharkt werden. Dabei gebe ich mir große Mühe und reche den Sand und den Kies zu einem attraktiven Fischgrätenmuster. Wenn ich dann sonntags Besuch erhalte, dann führe ich meine Gäste regelmäßig in den Garten, damit sie ihn bestaunen können.

Unsere Böden sind hier in Norddeutschland wie auch in Ostdeutschland sehr sandig und locker. Das ist gut für den Anbau von Wurzelgemüse und erleichtert das Umgraben wie das Harken. Aber es fördert auch die Bodenerosion. Deshalb ist die Sitte, die Beete mit Buchs einzufassen, im Norden Deutschlands weiter verbreitet als im Süden.

Im Mai und Juni schneide ich den Buchs. Man sagt, dass auch Juli und August dafür geeignete Monate seien. Ich weiß noch, dass früher Leute aus Holland kamen und auf den Höfen fragten, ob sie den Buchs in Lohnarbeit »umlegen« könnten. Das war sehr arbeitsaufwendig und geschah meistens im Frühjahr. Natürlich machte man das auch selbst. Man stutzte die oberen Spitzen, grub den Buchs aus, teilte ihn und schnitt die Wurzelenden ab. Danach setzte man ihn im Abstand von 20 bis 30 Zentimetern wieder in eine zuvor ausgehobene Furche. Im Anschluss an diese Arbeit musste der Buchs mehrere Tage lang gut gegossen werden.

Für die Zeit des Buchsumlegens waren die holländischen Wanderarbeiter bei den Bauern in Kost und Logis. Die überschüssigen Buchspflanzen durften sie mitnehmen. Man verkaufte sie an Bauern und Gartenbesitzer, die entsprechenden Bedarf hatten.

Normalerweise ist der Buchs sehr widerstandsfähig. Schaden leidet er allenfalls durch Überdüngung, wenn man Mist und Jauche auf den Beeten ausbringt und dem Buchs dabei zu nahe kommt.

Das Buchsumlegen erfolgte alle fünf bis sechs Jahre und war sehr arbeitsaufwendig und teuer. Deswegen macht das heute auch kaum noch jemand. Statt dessen schneidet man die Hecke mit einer motorisierten Heckenschere oder auch mit der Handschere.

Zum Einsegnen des Hauses, der Stallungen und der Felder verwenden manche Bauern noch einen Buchsbaumstrauß. Auch am Palmsonntag zur Palmweihe und Prozession wird der Buchs gebraucht.

Im Herbst nach der Brutzeit schneidet mein Mann die Hecke, die unseren Garten einfriedet. Wir haben eine Weißdornhecke, die mit Liguster durchsetzt ist.

Die Eibe (*Foxum*) in der Ecke des Gartens hat mein Mann höher wachsen lassen und kunstgerecht so beschnitten, dass eine Symbolfigur daraus entstanden ist. Andere Bauersfrauen schneiden sie zu Tierfiguren. Beliebt ist besonders der Hahn. Auch mit dem Lebensbaum (*Thuja*) und anderen Heckengehölzen umpflanzte man einst seinen Garten. Heute jedoch setzt man auf eine Mauer einen Jägerzaun oder auch industriell gefertigte Eisenzäune. Der Maschendraht tat ein Übriges, um den Garten zwar billig, aber auch wenig schön einzuzäunen. Der Sinn für Traditionelles und Nützliches ist heute vielfach verloren gegangen. Praktisch und pflegeleicht muss alles sein – im Haus wie im Garten. Der »Strapazierrasen« und Nadelbäume hielten ihren Einzug.

Das »Achterärsbauen spreiten« (Umgraben) im Herbst und im Frühjahr war traditionell eine Arbeit für den Knecht, wie auch das Bohnenstangensetzen. Heutzutage, wo es keine Knechte und Mägde mehr gibt, erledigt mein Mann diese Arbeit selbst, und ich pflanze das Gemüse und säe den Samen für Würz-, Heilkräuter und Blumen aus. Manchmal hilft mein Mann beim Johannisbeerenpflücken, ansonsten aber lässt er sich im Garten kaum blicken. Höchstens, dass er mir über den Zaun bei der Arbeit zuschaut.

Früher hat meine Schwiegermutter die Sämereien von einem Händler erhalten, der von Haus zu Haus ging. Heute besorge ich sie in einem Gartencenter oder bestelle sie im Katalog. Einige Blumen ziehe ich auch selbst nach.

Ich weiß noch von früher, dass vielfach große »Pumberen« (Birnbäume) in den Bauerngärten standen; heute jedoch haben sie dort kein Heimatrecht mehr.

**Wer die Zeit der Saat verschläft,
braucht in der Ernte nicht zu schwitzen.**

Im März, sobald das Wetter endlich mitspielt, gehe ich in den Garten. Darauf bin ich jedes Jahr schon ganz begierig. Meine Schute (Spaten), die Schaufel, für den Mist die Forke, eine hölzerne Harke für das Saatgut, eine Hackendharke im Schubkarren, und schon geht's los. Da muss ich nicht viel überlegen. Die Blechbruse (Gießkanne) steht schon beim Regenfass. Ich lege die Großen Bohnen und säe Möhren und Salatsamen vermischt in die zuvor aufgehackten Reihen.

Gartenarbeit ist für mich eine Werktags- und keine Sonntagsarbeit. Meistens gehe ich nachmittags in den Garten, zumindest im Frühjahr und Herbst. Im Hochsommer dagegen ist es bei großer Hitze frühmorgens und spätabends angenehmer.

Meine Schwiegermutter meinte immer, dass der Mond einen großen Einfluss auf das Wachsen und Gedeihen der Pflanzen habe. Sie achtete sehr darauf, sorgfältig nach den Regeln zu arbeiten. Ich richte mich nicht so sehr nach dem Mond, aber ganz lehne ich dieses Wissen auch nicht ab. Ich habe schon sehr schöne Erfolge gehabt, wenn ich nach dem Mondstand Salate, Zwiebeln, Möhren, dicke Bohnen und frühe Erbsen vor Ort gesät und gepflanzt habe. Bei Stangenbohnen und Krupbohnen (Strauchbohnen) achte ich immer darauf, dass sie nicht zu früh, aber auch nicht zu spät gepflanzt werden.

Die Oma hat selbst im hohen Alter noch eifrig im Garten mitgemischt. Auf Plattdeutsch, das sie meistens sprach, erklärte sie mir: »Wer Fizebaun well eten, darf den 12ten un 13ten Mai nicht vergeten.« Das war ihr sehr wichtig, denn sie aß gerne Bohnen als Gemüse wie auch als Salat. Sie wusste, dass für zu früh gepflanzte Bohnen die Gefahr bestand, dass sie erfrieren. Wenn sie aber zu spät in den Boden kommen, kann es passieren, dass sie vom einsetzenden Herbstfrost geschädigt werden, da der Samen voll ausgereift sein muss, damit er im nächsten Jahr auch keimen kann. Zudem sind Bohnen, die der Frost erwischt hat, kaum noch zum Verzehr geeignet.

Die Pflanzen für die verschiedenen Kohlarten und den Porree habe ich immer selber nachgezogen, dann weiß ich, was ich habe. Aber zu früh sollte der Kohl nicht gepflanzt werden. Oma wusste dazu auf Plattdeutsch eine gute Bauernweisheit. Sie sagte immer: »Kumst im Mai, gif an Kop wie ein Ei«, oder »hei baßt zwei«, was auf Hochdeutsch bedeutet: »Kohl im Mai gepflanzt, gibt einen Kopf wie ein Ei«, oder »er zerplatzt«. Die größte Fläche im Garten nimmt bei mir der Weißkohl ein, denn daraus mache ich im Herbst in einem Holzfass Sauerkraut. Einige Weißkohl- und Rotkohlköpfe grabe ich auch umgekehrt in die Erde ein. Die Wurzelenden müssen etwas herausschauen, und wenn es sehr kalt wird, bedecke ich sie mit Laub. Grünkohl, Erbsen, Kohlrabi und Blumenkohl gehen mir nie aus.

Als erfahrene Gärtnerin habe ich alles im Gefühl. Die meisten Samen ziehe ich selbst. Auch tausche ich hin und wieder über den Gartenzaun hinweg Sämereien mit meiner Nachbarin.

Bei dieser Gelegenheit muss ich gestehen: Ein bisschen achte ich schon darauf, die alten, auf den Mond bezogenen Pflanzregeln zu beachten. Denn das ist eine spannende Geschichte.

Bei »altem Licht«, das ist der Vollmond, grabe ich bevorzugt im Garten, und zwar wegen des Unkrauts; denn da samt sich nicht so viel Unkraut aus. Ich säe dann alles, was Wurzeln bildet. Wurzelgemüse soll man bei Vollmond säen oder pflanzen, sagt auch eine alte Bauernregel, also Kartoffeln, Möhren und Zwiebeln, um nur einige zu nennen. Wenn der Mond ganz verschwunden ist, bei »neuem Mond«, das ist der Neumond, ist es an der Zeit, alles, was nach oben wächst, in die Erde zu bringen. Wenn der

Mond im Tierkreiszeichen Krebs steht, dann lege ich die Bohnen und Erbsen. Dabei achte ich darauf, dass immer eine ungerade Zahl von Bohnen, fünf oder sieben, in den Boden kommen. Das ist auch eine alte Weisheit – oder ist es nur Aberglaube?

Oft staune ich darüber, was sich alles an Gartengeräten bei mir angesammelt hat. Früher genügten ein einfacher Spaten, eine Mistgabel – bei uns sagen die Alten hierfür »de Meastgowwel« – ein Heurechen, eine »Haareachche« und eine Hacke, »d's Häckelche«, das man zum Jäten nahm, das war alles. Und heute habe ich noch eine Grabgabel, einen Kultivator, einen Rillenzieher, einen Wegrechen, ein Pflanzholz, Schnüre, ein paar Gießkannen, einen Gartenschlauch und vieles mehr. Die Gartenhütte ist voll.

Unkraut halte ich klein, in dem ich es herausziehe oder hacke. Chemie kommt mir nicht in den Garten. Die Schädlinge bekämpfe ich mit natürlichen Mitteln: Ruß gegen Blattläuse, gegen Schnecken Kalk. An die Kohlpflanzen gieße ich eine Brühe aus Tabak oder Brennnesseljauche. Zeigt sich an den grünen Samenschoten von Erbsen und Bohnen Schädlingsbefall, besprenge ich diese mit abgestandener, gebrauchter Wäschelauge.

Ich pflanze vieles in Mischkultur, um Gartenschädlingen vorzubeugen. Deswegen pflanze ich Möhren zu den Zwiebeln, damit die Möhrenfliege vom Besuch der Möhren abgehalten wird. Damit Erdflöhe nicht bis zum Blumenkohl, zu den Kohlrabi und auch nicht zu anderen Kohlpflanzen kommen, setze oder säe ich Salat, aber auch Spinat dazwischen. Die Erdflöhe mögen den Duft nicht, so wie der Duft von Tomaten anfliegende Kohlweißlinge davon abhalten kann, ihre Eier auf dem Kohl abzulegen. Gute Erfahrungen habe ich gemacht, wenn ich zwischen Blumenkohl Sellerie setze. Die beiden Gemüsesorten helfen sich gegenseitig, damit sie gut gedeihen.

Einen festen Platz in meinem Bauerngarten haben die Küchenkräuter. Sie wachsen seit 150 Jahren an der selben Stelle, nämlich nahe an der Hauswand. Meine Mutter wie auch meine Großmutter wussten schon, dass sie dort besonders gut gedeihen. Zu bestimmten Anlässen hole ich mir einen kleinen Strauß frischer Kräuter, entweder zum Mittagessen, aber auch um daraus einen Tee zu brühen. Auch Heilkräuter sind darunter, die ich zur Behandlung harmloser Krankheiten in meiner Familie verwende. Ich weiß gar nicht, wie viele es sind: Schnittlauch, »Läach«, das ist der Lauch, Borretsch, »Gorkekraut« (Gurkenkraut genannt), Bohnenkraut, Wermut, Liebstöckel (Maggistrauch), Majoran, Melisse und Thymian, Kamille und Pfefferminze. Nie würde ich auf Huflattich verzichten; Blutwurz, Arnika und Johanniskraut sind ebenso wichtige Heilkräuter.

Des Gärtners Fuß verdirbt den Garten nicht.

Für mich ist mein Bauerngarten nicht nur ein Nutzgarten. Zur Zierde wachsen ringsherum auch allerlei Blumen. Viele einjährige Sommerblumen sind darunter und mehrjährige Stauden. Pfingstrosen, Dahlien, Akelei, auf Plattdeutsch »Gackelleye«, Nachtviolen, Ringelblumen, Reseda, Goldlack, Stiefmütterchen, Herbstastern und Sonnenblumen stehen entlang des Gartenzauns und der Beete. Schon sehr lange baue ich in meinem Garten die große Strohblume an, eine Trockenblume, die ich im Winter zusammen mit Ähren zu einem Strauß gebunden in die Vase stelle.

Besonders gefällt mir der Zaun. Ein Bauerngarten und seine Umzäunung gehören ganz einfach zusammen. Für mich fehlt jedem Garten ein wesentliches Element, wenn die Blumen, das Gemüse, die Beerensträucher nicht eingefriedet sind.

Man muss in der Geschichte weit zurückgehen, bis man auf die ersten Zäune stößt, und wer ihn erfunden bzw. gebaut hat, wird sich nie mehr ermitteln lassen. Schon bei den Römern jedenfalls war er gebräuchlich. Der Flechtzaun dürfte die älteste für Gärten übliche Zaunform sein. Schon im Mittelalter kannte man ihn, und bis ins 19. Jahrhundert hinein war er weit verbreitet. Denn ein klassischer Flechtzaun ist zwar arbeitsaufwändig, aber aus billigen Materialien herzustellen. Brauchbare Anregungen kann man sich in einigen Freilicht- und Bauernhofmuseen holen.

Meine Einfriedung besteht aus einem »Zaunstarken« auch als Stakenzaun bzw. im Plattdeutschen »de Zaunstachche« bezeichnet. In Süddeutschland kennt man ihn unter dem Begriff Staketenzaun. Dabei handelt es sich um halbierte, oben zugespitzte oder abgeschrägte und senkrecht stehende Fichtenlatten – eine ebenso schlichte wie klassische Zaunform, die auch ungebetene Gäste vom Gemüse fernhält.

Am Gründonnerstag setze ich die Topfpflanzen um, weil sie dann das ganze Jahr hindurch gut gedeihen und schön aussehen.

Bei uns gab es noch den Brauch, dass zum 1. Mai der Garten umgegraben sein musste. Wer dies nicht tat, dem spielte die Jugend einen Streich. Auf dem noch nicht umgegrabenen Gartenstück wurde in der Mainacht eine »Fiuler«, eine Vogelscheuche, aufgestellt.

Zu Mariä Himmelfahrt, am 15. August, wurde ein »Krautbund«, bestehend aus Wermut, Alant, Beifuß, Rainfarn, Mariabettstroh, Johannislicht, Königskerze, Salbei und Donnerkraut in der Kirche geweiht. Ich weiß auch, dass in anderen Gegenden bis zu 35 Kräuter und Stauden zusammengebunden wurden und dass es sich dabei um selbst gesammelte, wild wachsende Kräuter handeln muss. Den geweihten Kräutern wurde besondere Heilkraft zugesprochen. Dieser uralte, in vorchristliche Zeit zurückreichende Brauch ist weitgehend in Vergessenheit geraten, wird aber mittlerweile an einigen Orten wiederbelebt.

Auf dem Dach wächst schon seit Generationen eine Donnerkrautstaude, die Fetthenne, die unseren Hof bis jetzt vor Blitzschlag geschützt hat und auch weiterhin schützen soll.

Aber es sind nicht nur positive Assoziationen, die sich mit den Kräutern verbinden. Wenn mir in meinem Bauerngarten etwas nicht gelingt oder eine Pflanze nicht wächst und kümmert, da kann es schon sein, dass ich seufze: »Do kam me je de Pimpernelle kriggen!« (Da kann man ja die Bibernelle bekommen). Das bedeutet so viel wie: »Das ist zum Aus-der-Haut-fahren!«

Auch im Norden Deutschlands, wie hier auf der Insel Rügen, gedeiht die im Mittelmeerraum häufig anzutreffende Stockrose. Allerdings braucht sie einen lockeren, tiefgründigen Boden. Ein sonniger Platz an der Hauswand oder am Gartenzaun, in lockerem Bestand, damit der Malvenrostpilz ihr nicht allzu viel antun kann, garantiert ihr stattlichen Wuchs und herrliche Blüten.

Wer weiß es? Gehören Blumen in den Garten oder in die Vase? Eines ist sicher: Ihre Schönheit gehört unseren Augen … und den Schmetterlingen.

Rechts: Bei diesem Bauerngarten im Fischland ist die ausgewogene Einheit von Nützlichkeit, Schönheit und Zweckmäßigkeit zugunsten der Nützlichkeit verschoben. Er präsentiert sich als ausgeprägter Gemüsegarten. Es gibt viel zu ernten, aber wenig Blumen zum Bestaunen.

Die Stockrose, Stockmalve *(Alcea rosea)* ist ein altbewährtes Hausmittel. Als Tee getrunken lindert sie Husten und Heiserkeit.

Ein typisches Beispiel unserer auf Äußerlichkeiten bedachten Zeit ist dieser Bauerngarten. Er ist schön, aber nicht besonders nützlich. Er ist kein lebendes Ökosystem. Besucher der Insel Rügen kennen ihn; oft ist er schon fotografiert worden.

Als wichtiges Kennzeichen norddeutscher Bauerngärten gilt die Einfassung der Beete mit Buchs. Die einst so beliebte Buchseinfassung ist heute bei den Bauern nur noch selten anzutreffen, doch erfährt sie bei jungen Bäuerinnen eine Renaissance.

Das Prinzip der »Unordnung« im Bauerngarten. Dieses äußerliche »Durcheinander« bewirkt ein Ineinanderwirken der verschiedenen Pflanzen; es ist bewusst oder unbewusst ein typisches Merkmal der ländlich-bäuerlichen Gärten.

Große Gutshöfe in Sachsen-Anhalt orientieren sich bei ihren Bauerngärten an den historischen Vorbildern der Klostergärten. Ebenso wie die alten römischen Nutzgärten und später die Klostergärten wurden sie aus Gründen der Zweckmäßigkeit in vier gleiche Teile gegliedert.

Auch wenn dieser Garten wegen der üppigen Blumenfülle kein echter Bauerngarten ist, so zeigt die Einteilung mit dem Rondell, dass er dennoch aus einem solchen entstanden ist. Er hat sich zu einem typisch neuzeitlichen, bäuerlichen Schaugarten gewandelt.

»Die Welt
wird schöner
mit jedem Tag,
man weiß nicht,
was noch kom-
men mag,
das Blühen
will nicht enden.«
(Ludwig Uhland)

Naturbelassene Zäune haben nicht nur einen besonderen Reiz, sie sind darüber hinaus auch sehr nützlich und umweltfreundlich. Schwarze Zäune wirken wie ein Trauerrand um den Garten. Im Detail können sie durchaus gefallen, wie hier auf dem Bild. Die gelben Blumen kontrastieren sehr schön mit dem schwarzen Staketenzaun.

»Ich weiß nicht genau, wie alt mein Bauerngarten ist. Bestimmt einige Hundert Jahre. Die Beete sind mit Buchs eingefasst. Ein typischer, hoher Staketenzaun mit Sandsteinsäulen anstelle von Holzpfählen friedet die Gartenfläche ein.«

Ohne meinen Bauerngarten wäre ich nur ein halber Mensch

Immer habe ich gedacht, dass mein Garten der echte, wahre Bauerngarten ist. Ganz traditionell weist er eine Aufteilung in vier gleich große Quadrate auf. Ein Wegekreuz teilt ihn. Was mir besonders gut gefällt, ist das Rondell in der Mitte des Kreuzungspunktes.

Schon meine Mutter und deren Oma haben von ihren Vorfahren gelernt, dass es dem Garten einen inneren Halt und eine Richtung gibt, wenn man die Beete mit Buchs einfasst. So ist also auch mein Garten ein richtig bäuerlicher Buchsgarten.

Selbst im Winter unter dem Schnee erkennt man seine geradlinige, geordnete Form. Im Juli, August schneide ich den Buchs, damit die Hecke immer schön in Form bleibt. Er treibt dann im Spätsommer noch etwas aus und überdauert immergrün den Winter.

Aus meiner Kinderzeit weiß ich, dass wir immer wieder Eichenrinde in der Gerberei geholt und diese auf die Wege gestreut haben. Auf dieser Gerberlohe, einem schönen rotbraunen Belag, konnte man gut gehen, und das Unkraut wurde ferngehalten.

Meine Wege sind ganz natürlich gehalten. Ziegelsteinplatten und kurz geschnittenes Gras wechseln sich ab.

Regen im Frühling
ist so kostbar wie Öl.

Noch nie hatten wir einen anderen Zaun als den früher überall anzutreffenden Staketenzaun. Jetzt ist er mit Flechten überzogen. Aber das macht mir nichts aus. Sicher haben die Flechten für kleine Tierchen irgendeinen Nutzen. Meine Mutter hat immer gesagt, dieser typische Garten brauche auch einen typischen Zaun.

Einfach, natürlich und zugleich billig sollte er sein. Wenn er repariert werden muss, nimmt mein Mann 1,60 Meter lange Pfähle und halbrunde Latten mit einer Länge von 1,30 Metern aus Fichtenholz – man kann auch Lärche oder Eiche nehmen – und tauscht sie gegen die kaputten aus.

So, wie man es früher gemacht hat, kohlt er den Pfahl von unten her ungefähr bis zu einem Drittel seiner Länge, rund einen Zentimeter tief, in einem kleinen Feuer an. Dadurch brauchen wir kein chemisch behandeltes Holz. Dass wir uns mit einer so nebensächlichen Sache so viel Arbeit machen, verstehen viele nicht.

Aber Altmodisches hat auch seinen Sinn und seine Berechtigung. Es ist in aller Regel umweltfreundlich und schont den Geldbeutel.

An den schräg angesägten Pfosten sind bei uns etwas tiefer die Querlatten befestigt, und an diese werden die zugespitzten Latten genagelt.

Kein Garten ohne Zaun – »Sich selber Frieden geben«

Nur noch selten werde ich in abfälliger Weise angesprochen: »Du mit deinem altmodischen Garten!« Im Gegenteil: Es gibt mittlerweile viele Leute, die daran Freude haben. Aber das war nicht immer so. Beinahe hätten wir ihn vor 25 Jahren dem damals so aktuellen neuen Trend geopfert: Rasen gesät und Fichtenbäumchen gepflanzt, so wie man es heute hat.

Aber eines Tages kam ein fremder Mann mit seiner Frau vorbei. Sie schwärmten von diesem Garten und meinten, dass es der schönste Bauerngarten sei, den sie bis jetzt gesehen hätten

Damit haben sie uns zum Glück die Augen geöffnet. Uns wurde bewusst, dass der Bauerngarten eine lange Tradition hat. Diese Tradition wollen wir weitergeben. Nachfolgende Generationen sollen sehen und lernen, wieviel Schönheit, Nützlichkeit und Zweckmäßigkeit so ein alter Bauerngarten in sich birgt. Jahrhundertealte »Nachhaltigkeit«, um einen aktuellen Modebegriff zu gebrauchen, haben wir unbewusst über Generationen gelebt. Ich glaube, dass gutes Altes zu bewahren sinnvoll ist, solange man dem Neuen gegenüber ebenso aufgeschlossen ist.

Viele Fahrten mit den Landfrauen in alle Himmelsrichtungen haben mir gezeigt, dass Bauerngärten auch anders aussehen können als meiner. Unterschiedliche Menschen, wie auch die verschiedenen Landschaften und klimatischen Bedingungen haben Bauerngärten hervorgebracht, die sich stark voneinander unterscheiden, aber auch in vielerlei Hinsicht gleichen. Eine praktische Einteilung haben sie alle. Die Form, die Einteilung, die Größe sind unterschiedlich, je nachdem, ob der Garten unmittelbar beim Haus oder in dessen Nähe liegt. Je größer und reicher der Bauernhof ist, meistens im Flachland, umso größer auch der Garten.

Ich habe festgestellt, dass auch das Wegekreuz nur ein Grundmuster ist. In den Bergen zum Beispiel gibt es viele Bauerngärten, die nur einen Weg haben. Oft führt er nur am Haus entlang. Und trotzdem spiegelt sich in jedem Garten, ob klein oder groß, die Seele der Bäuerin wider. Auch er ist ein echter Bauerngarten.

Buchs als Beeteinfassung habe ich in Norddeutschland, im Westen und im Osten gesehen. Auch in Süddeutschland und in der Schweiz ist er, wie in meinem Garten, schon lange Tradition. Von einem Zaun umgeben sind sie alle. Der gehört einfach dazu.

Viele glauben immer noch, in meinem Bauerngarten würde ein heilloses Durcheinander herrschen. Doch da liegen sie ganz falsch. Es wächst zwar alles ganz dicht beieinander, aber nicht wild durcheinander.

Im Herbst grabe ich meine Beete grobschollig um, damit die Erde im Winter durchfriert. Gut verrotteten Stallmist und Kompost grabe ich mit ein. Auch Knochenmehl und Hornspäne, das sind organische Dünger, mische ich bei. Mein Boden lebt! Er ist keine tote Masse. Ich dünge ja nicht den Boden, sondern füttere das Bodenleben, versorge alle Tierchen im Boden mit Nahrung. Die Methode hat sich bewährt, denn sonst würden meine Pflanzen nicht so gesund aussehen. Dennoch werde ich nächstes Jahr nicht mehr umgraben. Das bringt das Bodenleben doch etwas durcheinander, und das sollte eigentlich vermieden werden. Ich werde nur noch Kompost zum Schutz der Mikroorganismen aufbringen und nur noch im Frühjahr leicht umgraben, wenn es unbedingt sein muss. Ansonsten ritze ich den Boden nur noch auf, um in die Vertiefung einzusäen und Pflanzen zu setzen.

Wie der Gärtner,
so der Garten.

Meine Beeren, das Gemüse und die Blumen sind so gut wie gar nicht von Schädlingen befallen. Das liegt an der guten Pflege und Düngung, an der Flächenkompostierung und daran, dass ich sie mische. Mein Bauerngarten ist ein Mischkulturgarten. Alle Pflanzen setze ich so zusammen, dass sie sich gegenseitig unterstützen und schützen. Ich habe dann übers Jahr wenig Arbeit, und trotzdem bin ich mit der Ernte im Allgemeinen zufrieden. Ein Mal ist es etwas mehr, das andere Mal etwas weniger. Die Qualität jedoch ist immer gleichbleibend gut, und was will man mehr?

Sogar das Unkraut darf in meinem Garten wachsen, nur nicht überhand nehmen. Der Boden ist nirgendwo ausgetrocknet. Meine Pflanzen bedecken die ganze Fläche. Aber was heißt schon Unkraut? So etwas gibt es bei mir nicht. Ich nenne es »Begleitflora« – Pflanzen, die sehr wohl ihren Nutzen und ihre Berechtigung haben. Meine Unkräuter zeigen nur an, dass es ihnen da, wo sie wachsen, am besten gefällt. Wenn doch einmal irgendwo eine freie Fläche auftaucht, wird sie mit Pflanzenmaterial gemulcht. Der Boden darf nie austrocknen.

Wer nicht jätet früh,
jätet später mit doppelter Müh'.

In meinen Garten kommt keine Chemie. Ich möchte schließlich gesundes Gemüse essen. Deshalb stelle ich die Pflanzen, Blumen, Würz- und Heilkräuter sowie das Gemüse so zusammen, dass sie sich gegenseitig helfen, mit den Schädlingen fertig zu werden. Von meiner Mutter weiß ich, dass was zusammen passt, von alleine wächst und gedeiht, und sie hat mir erzählt, dass ihre Mutter das ebenfalls schon wusste.

Wie alt die Tradition dieser Mischkultur im Bauerngarten ist, weiß ich also nicht. Aber ich glaube, es gibt sie schon so lange, wie es diese Art von Gärten gibt. Unsere Vorfahren waren gute Naturbeobachter. Sie erkannten schnell und sicher, welche Pflanzen einander mögen und welche nicht. Es gibt dabei besonders wirksame Kombinationen, die so gut wie alle tierischen Schmarotzer fernhalten.

Ich nenne meinen Bauerngarten einen Nutzgarten mit Verzierung. Denn nicht nur Gemüse und Beerenobst gehören dazu, sondern auch die Blumen dürfen nicht fehlen. Selbst zwischen dem Gemüse dürfen Blumen wachsen – zur Zierde, aber auch als Unterstützung. Besonders mag ich die Ringelblumen. Sie kommen überall. Ihre gelben Köpfe leuchten zwischen dem Grün des Gemüses. Das sieht schön aus. Die fetten Kohlköpfe sitzen am Fuß des stolzen Rittersporns. Die Dahlien, jede hat ein anderes Gesicht, schwanken über der Petersilie, dem Schnittlauch oder den Möhren. Am Rand stehen meine Beerensträucher: Johannisbeeren, schwarze und rote, dazu Stachelbeeren. Und dort in der Ecke hat sich wie von selbst ein Holunderstrauch angesiedelt. Plötzlich war er da, und er darf dort auch bleiben. Denn vor dem Holunder habe ich große Hochachtung. »Vor dem Holler sollst du den Hut ziehen« sagt ein alter Spruch. Wegen seiner großen Heilwirkung ist er aus der Naturheilkunde nicht wegzudenken. Ich mache jedes Jahr zuerst Holunderküchle und Holundermus, und später im Herbst koche ich aus den Beeren Saft ein.

Ich habe mir einmal Gedanken darüber gemacht, wieviele Arten von Bauerngärten ich kenne. Auf fünf unterschiedliche bin ich gekommen. Die einfachste, ich nenne sie »Zier-Vorgarten«, sieht man am häufigsten. »Gemüse-Haus-Gärten« gibt es nicht mehr so viele, da die Bäuerinnen ihr Gemüse im Supermarkt kaufen. Und wer geht schon aufs Feld und baut dort sein Gemüse an? Diese Art von umzäuntem »Gemüse-Feldgärten« gehört längst der Vergangenheit an. »Obst-Gras-Gärten« gibt es dank der Wiederentdeckung alter Hochstammbäume zum Glück wieder häufiger. Die alten Sorten werden zunehmend neu angepflanzt. Das Aroma dieser vergessenen Obstsorten ist unbeschreiblich. Da kann kein gezüchteter Apfel mithalten.

Auch die Gemeinschaftsgärten ummauerter Weinbauerndörfer werden als Bauerngärten angesehen. Doch sie sind auch schon Vergangenheit. Es gibt nur noch ganz wenige davon.

Wer Unkraut nur ein Jahr lässt stehen,
kann sieben Jahre Jäten gehen.

Der verzierte Nutzgarten, bei dem Blumen, Heilkräuter, Würzkräuter und Gemüse in einem ausgewogenen Verhältnis zueinander stehen, gilt heute als Inbegriff des Bauerngartens schlechthin. Alle anderen Bauerngärten sind dadurch gekennzeichnet, dass das Gemüse, die Blumen oder aber auch die Würz- und Heilkräuter überwiegen. Dennoch handelt es sich noch um richtige Bauerngärten, solange darin nur von allem etwas wächst.

Große, kleine, üppige, bescheidene Bauerngärten – alle von einem Zaun eingefriedet, wie immer er auch aussehen mag. In vielerlei Ausprägungen von Nord bis Süd habe ich sie angetroffen.

Alle Gärten wecken Stimmungen, aber mein Bauerngarten ist mir der Liebste. Ohne ihn wäre ich nur ein halber Mensch.

Nirgendwo anders als in der Schweiz trifft man so akkurat gepflegte Bauerngärten an. Die Buchshecken sind im Juli nach altem Brauch geschnitten worden – exakt wie mit dem Lineal gezogen. Ein schöner Einblick in einen Garten, dessen Besitzer die heute erforderliche Hinwendung zum Naturgarten noch nicht vollzogen hat. Hier findet sich keine Spur eines sogenannten »Unkrautes«.

Musterbeispiel eines wahren Bauerngartens, deren Besitzerin bewusst den Weg zurück zu den alten bäuerlichen Weisheiten gegangen ist: Zurück zur Natur, zurück zu einem naturnahen Garten, zurück zu einem Garten, der biologisch, das heißt mit natürlichen Methoden, bebaut wird.

Dieser Bauerngarten in einem kleinen Dorf im Nordschwarzwald liegt nicht am Bauernhaus, sondern direkt an der Längsseite eines in Fachwerkbauweise errichteten alten Holzschuppens. Es ist ein Bauerngarten, auf den die klassische Definition des verzierten Nutzgartens nicht zutrifft. Er stellt sich vielmehr als reiner Blumengarten dar.

In der Gründerzeit, dem Ausgang des 19. Jahrhunderts, zierten oft kunstvoll geschmiedete Zäune die Gärten auf dem Lande. Unverhofft trifft man noch gelegentlich auf solch ein Schmuckstück vergangener Tage.

Nur aus der Sicht des Städters ist der Bauerngarten romantisch, idyllisch, ein Ort der Muße und Einkehr. Für die Bäuerin ist er ein Arbeitsplatz. Die Ruhe, die von ihm ausgeht, kann sie selbst nicht ruhend genießen. Nur selten findet sich darin eine Holzbank zum Sitzen.

Früher genügten der Bauersfrau ein einfacher Spaten, eine Schaufel, eine Mistgabel, eine Hacke und ein Rechen. Was sich heute alles an Geräten für den Bauerngarten angesammelt hat, lässt selbst manchen Gärtner ins Staunen geraten und vor Neid fast erblassen.

Schön zu Gesicht steht einem Bauerngarten der Staketenzaun. Naturbelassen und mindestens 1,30 Meter hoch sollten die Latten sein. An 1,60 Meter langen Pfosten aus Lärche, Eiche oder Fichte werden die Querlatten befestigt und an diese die zugespitzten Latten genagelt. Das Holz der Pfähle fault nicht, wenn der Pfahl von der Spitze bis zur Hälfte seiner Länge im Feuer einen Zentimeter tief angekohlt wird.

Holzlattenzäune, bei denen an Stelle einer Querlatte ein gewundener Draht die Latten miteinander verbindet, findet man hin und wieder in Frankreich. Man kann sie inzwischen auch bei uns kaufen. Wenn Blumen eine Chance bekommen, sich mit dem Zaun zu verbinden, dann machen sie ihn lebendig und schön.

Die Clematis oder Waldrebe, die großblumig als Clematis-Hybriden und als kleinblumige *(Clematis montana)* im Bauerngarten anzutreffen sind, dürfte als Urheimat Ostasien haben, wo heute noch viele Arten wild vorkommen. Da ihnen Saugnäpfe und ähnliche Merkmale fehlen, können sie nicht an glatten Wänden emporsteigen. Als Kletterhilfen benötigen sie Drähte oder Latten.

Wenn die Zaunlatten nicht gestrichen werden und extremer Witterung ausgesetzt sind, dann bekommt das Holz einen grauen Verwitterungston und setzt zudem Flechten an. Der Gartenzaun wird zum Lebensraum von Kleinstlebewesen.

Rechts: Den Bauerngarten schlechthin gibt es nicht. Er lässt sich nicht in ein typisches, statisches Schema pressen. Dieser Garten kommt dem Bauerngarten im klassischen Sinne schon sehr nahe. Er ist ein verzierter Nutzgarten mit Kräutern, Blumen und Gemüse. Ein Zaun friedet ihn ein.

Bauergärten im Emmental in der Schweiz zeichnen sich durch eine große Blumenfülle aus. Meist erscheinen diese flächig in Rabatten, weniger durchmischt als es dieser Gartenausschnitt zeigt.

Es gibt viele Definitionen des ländlichen sowie des ursprünglichen Gartens. In erster Linie muss er vom praktischen Gesichtspunkt aus betrachtet werden. Er ist vor allem ein Nutzgarten, wenn auch die Blumen darin nicht fehlen dürfen.

Das Blumenleben ist kurz. Dennoch stirbt es nicht, sondern es verinnerlicht sich. Auf einmal wird alles grau und braun, was eben noch bunt leuchtete.

Der Volksmund kennt die Stockmalve, Stockrose *(Alcea rosea)* als Bauernrose, Baumrose, Samtpappel, Halsrose, Roter Eibisch, Schwarze Malve, Pappel, Pappelrose oder nur als Malve. Bereits im Kräuterbuch des Hieronymus Bock (1551) sind einige Sorten beschrieben. Früher wurde aus der Sorte »Nigra« der rote Farbstoff »Althein« gewonnen und zum Färben des Rotweins benutzt.

»Der deutsche Mensch hat die Blumen eher mit der Nase als mit dem Auge bewertet. Der starke Geruch, dem man eine belebende, eine stärkende, ja heilende Wirkung zuschreibt, wird zuerst an Rose und Lilie mit Entzücken hervorgehoben, während die geruchlosen Blumen verachtet wurden.« (Landau et al., 1928) Heute jedoch verhält es sich gerade umgekehrt. Je farbintensiver, je größer, je spektakulärer gefüllt die Blüte, umso beliebter die Pflanze.

Aus Peru und Kolumbien brachten spanische Eroberer die Kapuzinerkresse *(Tropaedum majus, T. minus)* nach Europa. Früher dienten deren Blüten als Salatgarnitur. Die Knospen legte man schon Mitte des 16. Jahrhunderts in Essig ein. Wegen ihres Kaperngeschmacks dienten sie als Ersatz für die teuren echten Kapern aus den Mittelmeerländern.

Fast ganz aus dem Dorfbereich verschwunden ist Omas Bauerngarten, der Garten voller Geheimnisse – voll überquellenden Lebens im Frühjahr, voll betörender Düfte und leuchtender Farben im Sommer und voller Melancholie im Winter. Dieser bäuerliche Garten liegt im Süden des Schwarzwaldes.

Auch im Winter lebt dieser im traditionellen Stil gestaltete Bauerngarten an einer Mühle an der Tauber in Franken. Der Natur zuliebe wurden die Blumenstauden an der Hauswand, entlang des Zaunes und der Buchshecke im Herbst nicht entfernt. Diese Bauersfrau ist eine wahre Bauerngartenliebhaberin.

Links: Ein echter oberschwäbischer Bauerngarten. So sieht er aus, und so müsste er sein. Doch allzu leicht vergisst man, dass jeder Garten von menschlicher Hand geformt wird, und somit kann der echte, wahre Bauerngarten auch ein anderes Gesicht haben – zum Beispiel ohne Buchseinfassung der Beete.

»Im Bauerngarten hat auch in den vergangenen Jahrhunderten ein ständiges Kommen und Gehen stattgefunden. Was sich nicht bewährte, ist wieder verschwunden. Die Stangenbohne *(Fasiolum)* der alten Zeit ist durch neu eingeführte Phaseolus-Arten amerikanischen Ursprungs ersetzt worden. Den Kürbis des Mittelalters *(Cucurbita lagenaria)* kennt man auch nicht mehr. Die amerikanische *Cucurbita pepoo* hat ihn verdrängt.«

Unser Tisch ist reich gedeckt mit Gemüse und Obst

Ein alter Spruch sagt: »Man muss hacken, jäten, gießen, wenn im Garten es soll sprießen …« Und da ist viel dran. Der Boden soll immer locker um die Pflanzen liegen, darf nicht gänzlich mit Unkraut zugewachsen sein und muss genügend Bodenfeuchtigkeit für die Pflanzen aufweisen. Wenn es im Sommer sehr heiß und alles ausgetrocknet ist, dann bin ich schon um 6 Uhr morgens draußen im Garten, hacke und gieße. Für mich ist das die schönste Zeit im Garten. Es herrscht noch Ruhe. Die Vögel beginnen zu zwitschern, und langsam erwacht die Natur. Auch ist es noch angenehm kühl, da macht mir die Arbeit so richtig Spaß.

**Fürchte nicht den Schnee im März,
darunter schlägt ein warmes Herz.**

Und wenn ich dann das eigene Gemüse, Kartoffeln, Salat, Gelbe Rüben, Spinat und noch vieles mehr, auf den Mittagstisch bringe, dann freue ich mich. Das schmeckt so gut, dass ich darauf nicht verzichten möchte. Dann tun mir oft die Leute Leid, die keinen eigenen Garten haben und das gespritzte Gemüse im Supermarkt kaufen müssen. Vor allem die Kinder, denn die brauchen die Vitamine von ungespritztem Gemüse und Salat besonders dringend.

Bei mir im Garten ist noch nie ein Gramm Chemie verwendet worden. Alles ist natürlich, und es wächst dennoch so gut wie bei denen, die mit chemischen Mitteln gegen ihre Schädlinge vorgehen. Ich verstehe diese Menschen nicht! Sie müssen doch auch wissen, dass sie die Rückstände dieser Gifte dann mitessen.

**Wenn naht der hl. Stanislaus (8. Mai),
sollen die Kartoffeln raus.**

Schädlinge haben bei mir kaum eine Chance, weil ich immer die richtige Nachbarschaft für meine Pflanzen suche. Bei mir wird nichts zufällig zusammengewürfelt. Meine Pflanzen werden so zusammengestellt, dass sie sich gegenseitig vor Schädlingen schützen und in ihrem Wachstum unterstützen. Neben den Tomaten ziehe ich

Sellerie und Petersilie. Zwischen die Erdbeeren kommen Zwiebeln und Knoblauch. Gut miteinander harmonieren Möhren und Zwiebeln, aber auch Lauch. Und bei den Bohnen macht man nichts falsch, wenn man Sellerie und Lauch dazusetzt. Ich habe noch nie einen Kohlweißling auf meinem Kohl sitzen sehen. Den intensiven Geruch der Tomaten mögen sie nicht, da drehen diese schädlichen Schmetterlinge um.

Donnert es im Mai recht viel,
hat der Gärtner gewonnen Spiel.

Wie bei den Menschen, so ist es auch bei den Pflanzen. Die gute Nachbarschaft ist wichtig. Man muss sich »riechen« können, dann stimmt auch die Chemie.

Schlechte Nachbarn hingegen schaden sich gegenseitig. Erbsen zum Beispiel vertragen weder Tomaten noch Bohnen. Auch Zwiebeln passen nicht zu Bohnen und zum Kohl, und Tomaten und Kartoffeln vertragen sich ebenfalls nicht. Ich liebe Sonnenblumen sehr, aber in die Nähe von Kartoffeln darf man sie nie pflanzen, ebenso wenig Sellerie.

Es ist eine unumstößliche Tatsache, dass zwei Pflanzen, die sich nicht riechen können, auch nicht schmecken, wenn man sie nebeneinander pflanzt. Sie sind meistens verkümmert und haben auch kein Aroma. Meine Enkel sagen immer: »Oma bei dir schmecken die Gelben Rüben am besten, die sind richtig süß.« Wenn sie kommen, dann gehen sie gleich in meinen Garten, ziehen sich eine Möhre aus dem Boden, waschen sie am Wasserhahn schnell ab, und gleich wird reingebissen. Die Möhrenfliege kenne ich gar nicht, weil die Zwiebeln sie abhalten.

Wenn ein Sommer zu trocken oder zu nass ist, dann können sich Blattläuse ausbreiten. Die habe ich dann aber mit meiner Brennnesseljauche bald wieder im Griff. Das ist die bekannteste Pflanzenspritzbrühe. Die Jauche stelle ich selbst her. In einen großen Eimer oder in ein Holzfass gebe ich frische Brennnesseln, bedecke sie mit Regenwasser und lasse das Ganze zugedeckt so lange stehen, bis die Flüssigkeit eine dunkle Farbe angenommen hat und nicht mehr schäumt. Das dauert ungefähr eineinhalb bis drei Wochen. Damit sie nicht so stinkt – und sie stinkt fürchterlich –, gebe ich noch eine Hand voll Steinmehl dazu. Die unangenehmen Gerüche werden dadurch gebunden. Bevor ich sie verwende, verdünne ich sie mit Wasser, sonst ist sie zu scharf, und das mögen die Pflanzen nicht. Sie würden sonst verbrennen.

Auf den Juni kommt es an,
ob die Ernte soll bestahn.

Wenn mir meine Nachbarn vorjammern, dass sie so viele Schnecken haben, die unendlich viel Schaden anrichten, dann kann ich nur feststellen, dass das bei mir nicht der Fall ist. Natürlich gibt es auch in meinem Garten Schnecken, aber zur Plage sind sie bis jetzt nicht geworden. Ich denke, das liegt daran, dass ich meine Hühner gleich neben dem Gemüsegarten halte. Wenn die hinein kommen, picken sie die kleinen weißen Eier der Schnecken auf und so können sich diese Schädlinge nicht so stark verbreiten. Im Herbst, wenn die Beete fast abgeerntet sind, lasse ich die Hühner sowieso in den Gemüsegarten. Da picken und scharren sie nach Herzenslust und vertilgen dabei die kleinen Schneckeneier, die im Sommer übrig geblieben sind. Außerdem gehe ich jeden Morgen und jeden Abend auf Schneckensuche und sammle die gefräßigen Weichtiere ab. Natürlich ist auch bei mir einmal ein Salat rundum angefressen. Die Blätter lasse ich dann liegen, und so vertilgen die Schnecken erst die schon angefressenen und lassen meine anderen Salatköpfe im Ruhe. Schneckenkorn habe ich noch nicht verwendet.

Soll's im Garten wohl gedeih'n,
dann braucht's im Juni Sonnenschein.

Als ich noch ein Kind war, hatten wir nur ein paar Gemüsearten in unserem Garten. Aber trotzdem gab es viele verschiedene Sorten, die sich immer mehr ausgebreitet haben. Wenn ich heute einen Pflanzenkatalog anschaue, dann bin ich ziemlich verwirrt. Was soll ich kaufen? Was passt in meinen Garten? Und dann bringen meine Kinder wieder Samen oder Pflanzen und sagen: »Oma, das musst du auch mal ausprobieren.« Wenn es dann in meinem Garten wächst, dann denke ich mir oft, das kenne ich doch, das ist doch das Kraut, das es schon damals gab, als ich noch ein Kind war.

Bei mir gibt es jeden Tag Gemüse und Salat. Ich bin kein begeisterter Fleischesser, aber »frisches Grün« muss ich haben. Wenn im Frühjahr der erste Salat und die Radieschen auf den Tisch kommen, dann ist das wie ein Festtag. Und dann geht es laufend weiter: Dann kommen Kohlrabi, Gelbe Rüben, Rote Bete, Erbsen, Bohnen, Tomaten, Gurken, Paprika, Zwiebeln, Brokkoli und im Herbst und Winter die verschiedenen Kohlsorten: Weißkohl, Rotkohl, Rosenkohl, Blumenkohl und Lauch.

Damit ich auch im Winter mein eigenes Gemüse essen kann, lege ich mir einen Vorrat an. Einiges koche ich ein, anderes kommt in meinen Gefrierschrank. Kartoffeln kommen in den Keller und Gelbe Rüben, Rote Beete sowie Sellerie schlage ich in Sand ein.

Im Juli warmer Sonnenschein
macht die Früchte reif und fein.

Gelbe Rüben und Erbsen koche ich zusammen in kleine Gläser ein. Dann habe ich immer ein fertiges Gemüse. Einen Teil der Tomaten koche ich im Ganzen ein, die andere Hälfte püriere ich gleich zu Tomatenmark.

Beim Einkochen von Gemüse ist darauf zu achten, dass die Gläser einen luftdicht abschließenden Deckel haben. Ganz wichtig ist, dass der Gummi, der zwischen Glas und Deckel liegt, immer neu ist, da dieser sehr schnell altern und dadurch porös werden kann.

Beim Einkochen von Tomaten habe ich ein eigenes Rezept, mit dem der Geschmack noch verbessert wird. Ich entferne die grünen Stiele, und die Haut wird mit einem Messer eingeritzt. Dann lege ich die Früchte in eine Schüssel und übergieße sie mit kochend heißem Wasser. Wenn die Haut sich gelöst hat, spüle ich die Tomaten mit kaltem Wasser ab und ziehe die Haut vorsichtig ab. Nun schichte ich sie dicht an dicht ins Glas. Mit einer Salzwasserlösung – ein Esslöffel Salz pro Liter Wasser – übergieße ich die Tomaten bis zum Glasrand. Bevor der Deckel aufgelegt wird, werden die Gummiringe in Wasser abgekocht. Der Glasrand muss ganz sauber sein, damit das Glas nach dem Einkochen auch dicht schließt. Über den Deckel wird ein Haltebügel gespannt. Im Einkochtopf werden die Gläser mit den Tomaten bei achtzig Grad rund dreißig Minuten lang eingekocht.

Der August reift –
der September greift.

So dünste ich auch mein anderes Gemüse ein, wobei hier darauf zu achten ist, dass sich im Gegensatz zum Obst im Gemüse Pilzsporen aufhalten, die nur schwer unschädlich gemacht werden können, aber unbedingt bekämpft werden müssen. Die meisten Pilze werden bei achtzig Grad zugrunde gehen. Um aber auch die Sporen abzutöten, müsste das Gemüse stundenlang gekocht werden, und dann wäre alles tot und wertlos. Die Sporen können sich nach ein bis zwei Tagen wieder zu Bakterien entwickeln. Deshalb muss Gemüse nach zwei Tagen nochmals eine Viertelstunde bei hundert Grad gekocht werden. Wartet man aber mit dem Nachdünsten länger als zwei Tage, dann tötet man die Bakterien, aber nicht die Sporen ab. Das eingemachte Gemüse verdirbt, auch wenn die Gläser fest verschlossen sind.

Ein ganz wichtiges Gemüse für meinen Wintervorrat ist Sauerkraut. Anfang Oktober ernte ich mein Weißkraut, und dann beginnt eine harte Arbeit, bei der mir meine Kinder helfen. Die Kohlköpfe werden mit einem Hobel fein geschnitten. Lagenweise fülle ich das Kraut in den gut gereinigten Steingärtopf. Immer wieder streue ich etwas Salz darüber und lasse es mit einem Holzstampfer fest einstampfen.

Früher durften wir Kinder das Kraut immer barfuss einstampfen. Das war manchmal ganz schön kalt, aber wir hatten Spaß daran. Der milchzuckerhaltige Saft wird beim Einstampfen herausgepresst und dient den Milchsäurebakterien als Nährboden. Hin und wieder gebe ich Salz, Wacholderbeeren, manchmal auch einen Schuss Weißwein, Kümmel und Apfelschnitze dazu. Bevor ich die Bretter und Steine auflege, kommen große Krautblätter als Abdeckung darauf. Wichtig ist, dass der Saft mindestens zwei Zentimeter über dem Brettchen steht. Für eine Woche lasse ich den Gärtopf bei Raumtemperatur stehen, dann bringe ich ihn in den kühlen Keller. Nach ungefähr sechs Wochen ist das Sauerkraut fertig und kommt zum ersten Mal auf den Tisch.

Sitzen die Birnen fest am Stiel,
bringt der Winter Kälte viel.

Auch den Nachtisch liefert mein Garten frisch auf den Tisch. Wenn im Juni die Erdbeeren reifen, dann beginnt eine herrliche Zeit im Jahr. Erdbeeren gibt es dann in allen Variationen, mit Eis, Milch, Pudding, als Creme, Kuchen oder ganz einfach nur mit etwas Zucker überstreut und mit Milch übergossen.

Weiter geht es mit Johannisbeeren, Stachelbeeren und Himbeeren. Dann kommen die ersten Äpfel, aus denen ich Apfelmus koche oder Kuchen backe. Die Apfelbäume versorgen uns das ganze Jahr über mit Obst. Was ich nicht gleich verbrauchen kann, koche ich zu Kompott ein, oder püriere die Früchte und friere das Apfelmus ein. Gepflücktes, makelloses Obst wird im Keller eingelagert. Dabei müssen die Früchte aber den ganzen Winter über regelmäßig kontrolliert werden, damit ein fauler Apfel die anderen nicht ansteckt.

Hedwig (14. Oktober) gibt Zucker in die Rüben.

Aus Pflaumen koche ich Pflaumenmus, oder ich friere die Früchte ein. Dann kann ich im Winter Kuchen damit belegen.

Aus den Holunderbeeren koche ich Saft. Der ist gut, wenn man erkältet ist. Aber in der Jahreszeit, in der eine Grippewelle droht, gibt es zur Vorbeugung für jeden in der Familie gleich zum Frühstück ein kleines Glas mit Holundersaft. Mit Wasser verdünnt, stärkt er unsere Abwehrkräfte, und schmeckt außerdem auch noch gut. Ab und zu mache ich auch aus Holundersaft eine Suppe, auf der ich kleine »Schwänchen« aus Eischnee schwimmen lasse. Das sieht nett aus. Die Suppe ist gesund und schmeckt wirklich traumhaft. Der Holundersaft wird dazu einfach erwärmt, mit ein wenig Mehl angedickt, und schon ist die Suppe fertig.

Auch Salat darf bei keiner Mahlzeit fehlen. Selbst wenn es draußen schon kalt ist und der erste Schnee liegt, wächst in meinem Gewächshaus immer noch der Feldsalat. Bei leichtem Frost stelle ich im Gewächshaus Dauerbrennkerzen auf. Die geben genügend Wärme ab, um die Pflanzen vor Frostschäden zu schützen, und so habe ich lange frischen Salat, Petersilie und auch Schnittlauch. Sobald strenger Frost einsetzt, aber das ist bei uns meistens erst im Februar der Fall, muss ich mich natürlich auch mit Kresse, Petersilie und Schnittlauch von der Fensterbank begnügen. In dieser Zeit lasse ich auch Sprossen keimen. Ich habe einen kleinen Keimapparat, der mir schnell die Vitamine herbeizaubert. Die Sprossen schmecken in jedem Salat oder auf dem Butterbrot.

Gelbe Rüben, Sellerie und Rote Bete kann ich jederzeit aus meinem Sandlager holen. Kartoffeln lagern im Keller in der Kartoffelkiste. Lauch, Grünkohl und Rosenkohl dürfen noch im Garten bleiben. Wenn der Boden nicht zu stark gefroren ist, kann man sie je nach Bedarf abernten.

Ja, unser Tisch ist reich gedeckt mit frischem Gemüse, Obst und Salat aus dem eigenem Garten. Ich möchte das nicht missen.

Selbst Ziergemüse hält mancherorts Einzug in den Bauerngarten. Wenn es eine Blume ersetzt, so hat der Austausch wohl seine Berechtigung. Der Zierkohl sollte aber nicht den essbaren Kohl aus dem Bauerngarten verdrängen.

Auf den ersten Blick sind sich alle Bauerngärten ähnlich; beim genaueren Hinsehen stellt man jedoch fest, dass keiner dem anderen gleicht. Dennoch bilden die Bauerngärten eine Einheit und unterscheiden sich wesentlich von anderen historischen Gartenformen. Dieser Bauerngarten ist typisch für die Alpenregion in Südtirol.

Das Beerenobst gehört erst seit dem 18. Jahrhundert zum traditionellen Bauerngarten. In dieser Zeit entstanden Kulturformen mit wesentlich größeren Beeren, als sie die Wildform in der Natur bieten konnte.

Kurfürst Friedrich III. der Weise (1463–1525) meinte: »Das Bauernleben ist das allerseligste Leben, denn es wächst ihnen alles in den Mund; die anderen Stände müssen das Ihre kaufen.«

Die Rote Johannisbeere *(Ribes rubrum)* enthält reichlich Apfel-, Zitronen- und Weinsäure sowie Vitamin C. Sie wirkt appetitanregend, blutreinigend, und sie eignet sich zur Herstellung von Saft, Marmelade, Kompott und als Kuchenbelag.

Die Pflanzenliste des »Capitulare de villis et curtis imperialibus«, der Landgüterverordnung aus der Zeit Karls des Großen, kennt bereits den Kohl. So heißt es im 70. Kapitel »De herbis hortulanis«: »LXX. Volumus quod in horto omnes herbas habeant, id est lilium, rosas, … caulos, …« (Wir wollen, dass sie im Garten alle Pflanzen haben, nämlich die weiße Lilie, Rosen, … Kohl, …)

Das 15. und 16. Jahrhundert war die Zeit der großen Entdeckungsreisen, und sie bereicherte den Bauerngarten mit neuen Pflanzen. Der Kürbis *(Cucurbita pepoo)* – er wurde bereits 1543 von Leonhard Fuchs in seinem Kräuterbuch abgebildet – dürfte die älteste aus Amerika stammende Nutzpflanze sein. Zahlreiche weitere folgten ihm.

Rechts: In den Alpen, wie hier im Ahrntal, ist in vielen Bauerngärten der Mohn, im Volksmund »Mogn« genannt, anzutreffen. Er zählt zu den ältesten Bauergartenblumen. Schon im Altertum kannte man ihn. Ebenso ist er im »Capitulare de villis …« an 47. Stelle als »papaver« aufgeführt.

An den Hängen des Schwarzwaldes sind sehr unterschiedliche bäuerliche Gärten entstanden: Beeindruckende »verzierte Nutzgärten« mit einem Staketenzaun als Einfriedung, einer Kreuzeinteilung, buchsgesäumten Beeten mit einem Rondell, wie auch einfache, mit Blumen bestandene Nutzgärten.

Dieser Bauerngarten könnte an einem Bauernhaus im schwäbischen Oberland liegen, doch in Wahrheit wird er in Andeer am San Bernadino Pass in der Schweiz gehegt und gepflegt. Blühende Stauden entlang des Gartenzaunes und im Inneren Beete, die auf einem Grasweg zu erreichen sind.

Die Zeit scheint in Memmingen im bayerischen Allgäu stehengeblieben zu sein. Denkmalschützern muss bewusst sein, dass eine solche Einheit aus Bauernhaus und Bauerngarten an Ort und Stelle erhalten werden muss. Dieser Bauerngarten präsentiert sich als ein ausgeprägter Gemüsegarten. Die ausgewogene Einheit von Nützlichkeit, Schönheit und Zweckmäßigkeit ist hier in Richtung auf die reine Nützlichkeit verschoben.

Die Bäuerin dieses Bauerngartens in der Hohenlohe weiß, dass es nicht genügt, nur draußen in der Landschaft neue Lebensräume für Pflanzen und Tiere zu schaffen und zu erhalten. Das Dorf und mit ihm der Bauerngarten gehören ebenso dazu. Sie betreibt aktiven Naturschutz in ihrem Garten, indem sie auf akkurate Arbeit keinen Wert legt und den Garten nicht übertrieben pflegt.

Das Stammland der Winterheckenzwiebel *(Allium fistulosum)*, Winterzwiebel, Röhrenlauch, im bayerischen Schwaben auch Schnattere genannt, dürfte Sibirien sein, von wo die Art im 17. Jahrhundert nach Europa kam. Es handelt sich um eine Schnitt- oder »ewige« Zwiebel. Sie ist winterhart, mehrjährig und wird ab April ausgesät.

Die Bäuerin weiß, dass manche Pflanzen in Gegenwart bestimmter Nachbargewächse besser, aber auch schlechter gedeihen. Dadurch wird die Ausbreitung von Tieren verhindert, die erst in Massen zu Schädlingen werden. Im Garten schätzt man die Ringelblume *(Calendula officinalis)* wegen ihrer nematodenhemmenden Wirkung als ganzjährige Begleitpflanze von Gemüse, Rosen und Stauden.

»Bei uns im Emmental wie auch anderswo bin ich als Bauersfrau für den Garten zuständig. Meinem Mann ist es vorbehalten, den Mist hineinzufahren und auszubreiten. Hin und wieder benötige ich seine Hilfe, beispielsweise fürs Umgraben des schweren Bodens, fürs Zaunen und das Einrammen der Bohnen- und Tomatenstangen.«

Lange war der Blick auf den traditionellen Garten im Zuge einer hemmungslosen Auf- und Abräumeuphorie verstellt worden. Dem vor Jahrzehnten aufgekommenen und bis heute anhaltenden Zeitgeist erlegen, haben die Menschen auf dem Land mit allem aufgeräumt, was alt und daher nicht modern war. Die Reinlichkeitswut, gepaart mit einem neuen Sinn für Schönheit, zerstörte fast alles, was einmal schön war im alten Dorf.

Rechts: Aus Mexiko stammt die Dahlie. Schon die Azteken kannten sie als kultvierte Zierpflanze *(Cocoxochit)*. Sie wurde in Europa so beliebt, dass in Frankreich eine regelrechte Dahlienmanie ausbrach. 1838 wurde eine einzelne Dahlie gegen einen seltenen Diamanten getauscht.

»Meine Apotheke ist der eigene Garten. Aber nicht nur die Kräuter helfen mir in der Not, sondern auch der Arzt und das tägliche Gebet. Denn ich weiß: An Gottes Segen ist alles gelegen.«

Gegen jede Krankheit ist ein Kräutlein gewachsen.

Aus vielen Erzählungen meiner Großmutter habe ich gelernt, dass sich um den Kräutergarten ein bunter Kranz von Sagen, Aberglauben und Volksbräuchen rankt. Den Heilkräutern, die als Arznei den Menschen in allen möglichen Nöten und Leiden hilfreich zur Seite standen, begegnete man immer schon mit Ehrfurcht, Vertrautheit und Liebe. Sie durften in keinem Kräuterbeet fehlen.

Ohne einen Zweig der Eberraute ging meine Großmutter niemals in die Kirche. Sein angenehmer, zitronenartiger Geruch wirkte erfrischend und belebend.

Der Rosmarin galt als Symbol der Liebe. Es war wichtig, dass die Braut bei der Hochzeit einen Kranz aus Rosmarin auf dem Kopf trug. Denn dieser sollte vor dem Einfluss böser Geister schützen. Der Duft dieses Gewürzkrauts sollte aber auch ansteckende Krankheiten abwehren. Deshalb, so erzählte meine Großmutter, wurde Rosmarin auch bei Beerdigungen in den Strauß gebunden.

Liebstöckel war als beliebtes Würzmittel in jedem Kräutergarten zu finden. Ebenso linderte es Halsschmerzen und half bei Blähungen.

Besonders vielfältigen Nutzen versprachen sich unsere Vorfahren von der Hauswurz – soviel, dass Kaiser Karl der Große in seiner Landgüterverordnung verfügte: »… und der Landmann hat auf seinem Hause die Hauswurz zu haben.« Wenn sie auf den Dächern der Bauernhäuser wuchs, sollte sie vor Blitzschlag schützen. Was von der Wissenschaft lange belächelt wurde, hat sich mittlerweile bestätigt. Denn die Hauswurz ist ein guter Leiter, und mit den spitzen Enden ihrer Blätter kann sie das Spannungsgefälle zwischen der Luft und dem Haus soweit abbauen, dass es nicht zu einer schlagartigen Entladung in Form eines Blitzes kommt. Aber auch als Arzneimittel ist sie so nützlich, wie der Volksmund behauptet. Der kühlende Saft ihrer fleischigen Blätter wurde verwendet, um die Schmerzen der stillenden Mütter zu lindern, die an einer Brustdrüsenentzündung erkrankt waren. Auch bei Brandwunden brachte eine »Hauswurztunke« Linderung und beschleunigte die Heilung. Mit Honig und Eigelb verrührt, heilte sie offene Geschwüre an »heimlichen Stellen«. Auch die der Hauswurz nachgesagte kühlende und zusammenziehende Wirkung sowie ihren günstigen Einfluss bei Entzündungen hat die moderne Wissenschaft inzwischen bestätigt.

Hauswurz, Gundermann, Quendel und Feldkümmel galten als Grundkräuter und durften in keinem Bauerngarten fehlen.

**Ein Garten entsteht nicht dadurch,
dass man im Garten sitzt.**

Wer eine Arnikawurzel bei sich trug, galt als sicher vor Zauberei, Gespenstern, Wehetag und anderen Krankheiten. Auch der Biss eines wütigen Hundes wurde mit der Arnikawurzel behandelt.

Ich weiß noch gut, dass in der Bauernstube meiner Großmutter in der Ecke im Herrgottswinkel immer ein Stubensträußchen stand. Darin durfte auf gar keinen Fall Basilikum fehlen. Wegen seines angenehmen Geruchs wurde er gerne auch gekaut und bei Übelkeit eingenommen. »Jemandem unter den Teller gelegt, sorgte das Basilikum dafür, dass diese Person nicht essen konnte«, erzählte die Großmutter.

Beifußsaft sollte, wenn man damit die Arme bis zum Ellenbogen einrieb, Riesenkräfte verleihen. Ihm wurde aber auch nachgesagt, dass er zur Abtreibung bei ungewollten Schwangerschaften diente. Die in Nöte geratenen Frauen tranken ihn heimlich, doch nicht ohne Gefahr für Leib und Leben.

Großmutter bereitete jedes Jahr eine Ringelblumensalbe zu. Sie half damit vielen Menschen, die unter offenen Beinen litten. Die Salbe wurde auch in Küchle mitgebacken und als blutreinigendes Mittel eingenommen. Sie »dämpfte heftiges Schwitzen« und »nahm den Schwindel«. Ringelblumensalbe ist noch heute als Heilmittel bei Hautkrankheiten anerkannt und in jeder Apotheke erhältlich.

Die grünen Blätter der Schafgarbe helfen, in Eier eingebacken, gegen Durchfall und Ruhr, ebenso bei heftigem Nasenbluten.

Die Wegwarte »treibt den Harn«, »öffnet die versteckte Leber und den verstopften Leib«, erzählte mir meine Großmutter ernsthaft, und vom Ysop wusste sie, dass er im »Gurgelwasser böse Hälse« heilt. Der Wermut tut dem Magen gut, der Leber, der Milz, und er tötet Würmer.

Vom Rautensaft wusste sie Seltsames zu berichten, denn er diente als eine Art Orakel: Träufelte man einem Kranken etwas Rautensaft in die Nase und er nieste, dann »kam er wieder auf«, im anderen Fall würde er sterben.

Zwiebeln und Knoblauch wurden in Milch gesottet und gegen Würmer eingenommen. Ließ man in einer Papierkette Zwiebeln in der Stube auswachsen, so zog der Saft alles Gift an sich.

Meiner Großmutter waren diese Heilpflanzen ganz vertraut, und sie brachte ihnen große Ehrfurcht entgegen. Und oft hat sie sich von den Heilergebnissen überzeugen können.

Heute ist man geneigt zu sagen, das sei doch alles Aberglaube. Vieles von diesem »Aberglauben« aber hat die moderne Naturwissenschaft bestätigt. Und so glaube ich meiner Großmutter, denn wie heißt es so schön: »Für jede Krankheit ist ein Kräutlein gewachsen.«

Mutters Kräutergarten wie zu Urgroßmutters Zeiten. Einen aktiven Beitrag zum Naturschutz leistet der, der Kräuter im eigenen Garten anpflanzt und sie nicht in der freien Natur sammelt.

Wer mit Heilkräutern Krankheiten vorbeugen und heilen möchte, dem bietet der eigene Kräutergarten einen guten und zudem noch billigen Gesundheitsschutz. Der Baldrian wirkt schlaffördernd, sedativ, krampflösend und verdauungsfördernd.

An einem sonnigen Tag pflücken, für den Winter schonend trocknen, das rät die Bäuerin für den fachmännischen Umgang mit Kräutern. Hin und wieder lässt sie ein Zwiebelgewächs *(Allium sp.)* bis zur Samenreife stehen.

Der Schnittlauch *(Allium schoenoprasum)* gehört mit zu den ältesten Gartenpflanzen. Schon im Altertum wurde er kultiviert. Als Urheimat wird Asien genannt. Geschätzt wird er als Küchengewürz und als Heilpflanze bei Magen- und Darmstörungen und wegen seiner antiseptischen Wirkung.

Der Gemeine Beifuß *(Artemisia vulgaris)* war früher häufig im Bauerngarten anzutreffen. Seine medizinischen Wirkungen sind – ähnlich dem gehaltreicheren Wermut *(Artemisia absinthium)* – appetitanregend, verdauungsfördernd, blutreinigend und fiebersenkend. »Was bitter dem Mund, ist dem Magen gesund«, lautet ein altes Sprichwort.

Obstbäume haben keinen Eingang in den traditionellen Bauerngarten gefunden. »Schon der Klosterplan von Sankt Gallen (825 n. Chr. entworfen), auch das ›Capitulare de villis …‹ kennen einen vom rechteckigen Gemüsegarten ›hortus‹ getrennt gelegenen Baum- und Obstgarten – er war gleichzeitig Friedhof des Klosters. Vielleicht haben beide aus der gleichen Quelle geschöpft, dem Lehrgut der Benediktiner Mönche.« (Volkart, 1939)

Die Ringelblume *(Calendula officinalis)* fühlt sich im Garten fast überall wohl. Rosen, Stauden und Gemüse profitieren von ihr; denn sie hält Wurzelälchen (Nematoden) von den Pflanzen fern. Im frühen Mittelalter kam sie aus Asien und Südeuropa zu uns. Seit dem Altertum weiß man um ihre Heilwirkung. Sie wirkt entzündungshemmend und wundheilend. Auch heute noch findet sie als Heilsalbe Verwendung.

Rechts: In der Wachau a.d. Donau liegt dieser Bauerngarten. Eine malerische Einheit bilden die Hauswand und der davor liegende Garten mit einem üppigen Busch gelbblühender Taglilien, weißblühender Pfingstrosen und verschiedenfarbig blühender Rosen. Auch hier gilt: Nicht die Größe der vorhandenen Fläche bestimmt, ob daraus ein Bauerngarten entstehen kann, sondern die Art und Weise, wie man sie nutzt, einteilt und bepflanzt.

Vogelscheuche im Baselbiet, dem Bergland
südlich von Basel in der Schweiz

Auch in Sachsen-Anhalt gibt es noch Reste einer echten, alten Bauerngartenkultur. Doch wie lange noch? Die traditionsreiche, dringend erhaltenswerte Bauernkultur wird von der Politik im Stich gelassen. Mit ihr stirbt eine alte Dorf- und Gartenkultur, in der nachhaltiges Wirtschaften – wie heute wieder gefordert – eine Selbstverständlichkeit war.

Bei Pflanzenkrankheiten und gegen Schädlinge weiß ich mir zu helfen

Chemische Schädlingsbekämpfung kommt in meinem Garten nicht in Frage, denn in meinem Garten leben auch Katzen, Igel, Hühner, und mein Hund tollt darin herum. Und dann kommen natürlich auch meine Enkelkinder, die im Garten naschen, wenn die Erdbeeren reif sind oder anderes Beerenobst. Wenn ich im Landwirtschaftsblatt lese, was die Bauern an Insektenvertilgungsmitteln auf ihren Feldern versprühen, dann wird mir himmelangst. Wir leben auf einer Zeitbombe, denn irgendwann kommt die große Abrechnung der Natur. Die lässt sich die vielen Misshandlungen durch den Menschen nicht auf Dauer gefallen und schlägt irgendwann gnadenlos zurück. Das sieht man doch jetzt schon an den immer häufigeren Naturkatastrophen.

Nein, da muss ich nicht auch noch Chemie in meinen Garten spritzen oder streuen. Jahrhundertelang ist es ohne gegangen, und warum soll das heute nicht mehr möglich sein? Mein Gemüse, Obst und meine Küchenkräuter stehen gesund und gut da. Natürlich gibt es nicht jedes Jahr eine gleich große Ernte. Gereicht hat es aber immer.

Viele Pflanzen werden zu Unrecht als Unkraut bezeichnet. Mich stört es nicht, wenn auf einem Beet auch mal ein Löwenzahn, ein Gänseblümchen, Schöllkraut oder in der Ecke eine Brennnessel wächst. Sie zeigen an, dass hier ein gesundes Bodenleben herrscht. Sie fühlen sich auf diesem Fleckchen Erde wohl und tragen dazu bei, das biologische Gleichgewicht wieder herzustellen. Beim Verrotten dieser Unkräuter beispielsweise entsteht für den verbrauchten Boden ein kostbarer Dünger. Kulturpflanzen wie Salat, Sellerie, Kohl in ihrer Nachbarschaft erhalten durch sie einen Schutz. Gemüse kennt kein Unkraut sondern nur eine Begleitflora.

Ich kann nicht verstehen, was in einigen Menschen vorgeht. Sie geraten fast in Panik, wenn sich irgendwo in ihrem Garten eine Brennnessel zeigt oder ein Löwenzahn. Sofort werden die Pflanzen rausgerissen und vernichtet. Dabei handelt es sich bei beiden um wichtige Heilpflanzen. Die Brennnessel wirkt blutreinigend und sollte besonders im Frühjahr als Tee oder auch mit Spinat vermischt eingenommen werden. Der Löwenzahn wirkt

»Täglich gehe ich in meinen Garten. Frühmorgens, mittags und abends – vom Frühjahr bis in den Spätherbst. Ich kenne meine Pflanzen und weiß, was sie brauchen. Eine gute Nachbarschaft ist nicht nur für Menschen wichtig. Auch Pflanzen mögen einander oder auch nicht. Ich achte sehr darauf, dass sie zusammenpassen.«

durch seine Bitterstoffe wohltuend auf Leber und Galle. Warum denken die Menschen nicht daran? Viele sind einfach schon weit weg von der Natur. Man könnte vielen Krankheiten mit diesen »Unkräutern« vorbeugen, wenn man sich mehr mit der Natur beschäftigen würde. Aber die meisten Menschen schlucken lieber chemische Präparate. Wenn sie selbst so unkritisch Chemie verwenden, dann versteht man, dass sie es auch der Natur zumuten.

Ebenso verhält es sich mit den kleinen und größeren Schädlingen. Jede Raupe, jeder Käfer, jede Laus und sogar die Nacktschnecken gehören in den Kreislauf der Natur. Es muss uns klar werden, dass mit jeder Tier- und Pflanzenart, die wir ausrotten auch ein Stück von uns Menschen stirbt. Die Natur kann auf uns Menschen verzichten, aber wir nicht auf sie. Ich werde immer sehr traurig, wenn ich sehe, wie mit Tieren und Pflanzen umgegangen wird.

Man sagt, und ich habe auch davon schon gelesen, dass die Erde in Kleingärten mit viel mehr Gift angereichert ist als die Felder der Bauern. In solchen Gärten konzentriert sich alles auf kleinstem Raum, und so wird der Boden intensiver mit Herbiziden und Pestiziden belastet. Wenn man bedenkt, dass die Giftstoffe alle im Grundwasser landen und wir sie dann mit dem Wasser und den Nahrungsmitteln aufnehmen, dann kann es einem schlecht werden.

Man muss sich die Frage stellen, warum eine Pflanze von Schädlingen befallen ist. Wie kann ich dem vorbeugen? Was habe ich falsch gemacht? Habe ich die richtige Fruchtfolge beachtet? Oder hat die Pflanze nicht die richtige Nachbarschaftspflanze? Wurde sie zum richtigen Zeitpunkt gesät oder gesetzt und gegossen?

Das alles kann eine Rolle spielen. Doch wenn ein Jahr sehr trocken oder nass war, dann machen sich auch bei mir die unterschiedlichsten Schädlinge über die Pflanzen her.

Blattläuse werden am besten durch Marienkäfer bekämpft. Sobald ich einen finde, wird er auf eine befallene Pflanze gesetzt. Zur Vorbeugung säe ich die Kapuzinerkresse in der Nachbarschaft häufig befallener Pflanzen und auch unter Obstbäumen aus.

Milben werden durch die Blätter der Himbeeren in Schach gehalten. Bei Pilzkrankheiten hilft die Beipflanzung von Schnittlauch. Auch das Gießen in den Wurzelbereich mit einem Sud aus Zinnkraut wirkt Wunder. Ich nehme einen 10-Liter-Eimer und bedecke den Boden mit Zinnkraut, übergieße das Ganze mit kaltem Wasser und lasse die Brühe etwa 24 Stunden stehen. Die befallene Pflanze wird im Wurzelbereich mit der unverdünnten Brühe gegossen. Wenn man den Sud nochmals mit Wasser versetzt, erhält man einen guten Dünger.

Ameisen mögen keinen Lavendel, keinen Feldsalat und auch keinen Rainfarn. Gegen Mäuse in meinem Garten pflanze ich die Kaiserkrone oder stecke Knoblauchzehen in die Erde. Mehltau wird mit einem Knoblauch-, Schnittlauch- oder Basilikumsud behandelt.

Die Möhrenfliege mag keine Zwiebeln und keinen Salbei, und der Kohlweißling kann den Duft von Salbei, Pfefferminze, Tomaten, Beifuß und Thymian nicht ausstehen. Erdflöhe vertreibe ich mit einen Holundersud, mit Wermut, Pfefferminze, Zwiebeln oder Knoblauch.

Schimmelbildung an den Erdbeeren entsteht so gut wie nicht, wenn man zwischen die Erdbeerpflanzen Zwiebeln setzt. Bei manchen schädlingsbefallenen Pflanzen hilft aber nur noch ein radikaler Rückschnitt.

Die Kräuterjauchen zur Behandlung erkrankter Pflanzen stelle ich selbst her. Die bekannteste und äußerst wirksam ist die Brennnesseljauche. Sie wirkt zur Abwehr von saugenden Insekten, stärkt die Pflanze und macht sie widerstandsfähig. In einem Zehn-Liter-Eimer wird das Brennnesselkraut mit frischem Wasser übergossen. Nach vier bis fünf Tagen kann die Brühe verwendet werden. Dabei wird sie 1:50 verdünnt. Beim Ausbringen leistet eine Gartenspritze gute Dienste. Die Blätter und Triebe von Pflanzen, die mit Blattläusen und Spinnmilben befallen sind, sprühe ich mit diesem Mittel ein.

Einmal gehackt ist zweimal gepflügt.

Ebenfalls gegen Blattläuse kann auch ein nicht vergorener Sud aus Brennnesseln zur Behandlung kommen. Die Pflanzen werden in kaltem Wasser rund zwölf Stunden angesetzt, die Brühe kommt unverdünnt zur Anwendung.

Aus Tomatenblättern bereite ich ebenfalls eine frische Brühe, indem ich die Tomatenblätter, meistens die ausgegeizten Seitentriebe, rund drei Stunden in zwei bis drei Litern Wasser ziehen lasse. Mit der Gießkanne über den Kohl gegossen, vertreibt sie den Kohlweißling. Mit einer abgekühlten unverdünnten Lösung aus Schmierseife, die ich aus Schmierseife und heißem Wasser herstelle, spritze ich die Pflanzen, die mit Läusen befallen sind.

Die Schnecken können im Garten zur richtigen Plage werden, besonders in einem verregneten Sommer. Hier habe ich schon einiges versucht. Die Bierfalle wird in jedem Gartencenter angeboten. Ich habe auch zwei Stück davon gekauft und ausprobiert. Am Morgen lagen viele Schnecken in der Bierfalle. Doch irgendwann hatte ich das Gefühl, dass ich kistenweise Bier nur noch für die Schnecken kaufte. Daraufhin begann ich Eierschalen um die gefährdeten Pflanzen auszustreuen. Die Schnecken mögen die scharfkantigen Eierschalen nicht und halten sich von ihnen fern. Auch Holzasche und Sägemehl, Kalk oder Steinmehl um die Pflanzen gestreut, haben ihre Wirkung nicht verfehlt. Der Erfolg ist aber immer nur von kurzer Dauer. Deshalb begann ich wieder mit dem morgen- und abendlichen Absammeln. Das Problem ist nur: Was soll ich mit den Tieren tun? Sie zu töten, liegt mir nicht. Doch dann tat sich eine ganz natürliche Lösung auf, und sie hat mich von der Schneckeninvasion fast befreit. Rein zufällig entstand in der hintersten Gartenecke ein kleiner Reisighaufen. Dort nistete sich ein Igel ein, der ein natürlicher Feind der Schnecken ist. Er wohnt immer noch unter dem Reisighaufen. Dort hat er es bequem und kann sich einfach seine Schneckenmahlzeiten holen. Natürlich habe ich den Reisighaufen nun liegen gelassen, denn einen besseren Schneckenvertilger kann ich mir nicht vorstellen.

Auf Grund meiner guten Erfahrungen mit den Pflanzenheilmethoden habe ich den Krankheitsbefall meiner Pflanzen ganz gut in den Griff bekommen. Jedes Jahr verläuft anders. Wie die Pflanzen gedeihen und wachsen, hängt viel von der Witterung ab. Ich jedenfalls kann mit gutem Gewissen sagen, dass in meinem Garten alles natürlich wächst und gedeiht.

Der Borretsch *(Borago officinalis),* das Gurkenkraut, müsste Euphrosium heißen, so sicher mache es die Menschen glücklich und zufrieden, meinte einst Plinius. Wegen seines leicht salzigen Geschmacks eignet es sich zum Würzen, wenn eine salzarme Diät verordnet worden ist. Blüten, Blätter und Stängel haben blutreinigende, abführende und schweißtreibende Wirkung. Ursprünglich war der Borretsch im Mittelmeerraum zu Hause.

Der Bauernforscher Heinrich Marzell übte bereits 1927 Kritik an den »recht unschönen Zäunen aus billigem Drahtgeflecht«. Dank einer Randbepflanzung mit Blumenstauden tritt dieser Maschendrahtzaun jedoch völlig in den Hintergrund.

Selbst angesetzte Kräuter- und Pflanzenjauche ist der preisgünstigste Dünger in einem natürlichen Bauerngarten. Die bekannteste Pflanzenbrühe, die jede Bauersfrau selbst ansetzen kann, ist die Brennesseljauche.

Leben spendendes Wasser: Zum Gießen der Pflanzen sollte man nicht auf kaltes Leitungswasser zurückgreifen. Als ideales Gießwasser bietet sich abgestandenes, leicht erwärmtes Regenwasser an, das überdies kalkfrei ist.

Bei starkem Schädlingsbefall zur Bekämpfung von Blattläusen nimmt man Brennnesseljauche. Pilzerkrankungen bekämpft man mit Ackerschachtelhalmbrühe. Holunderjauche hilft gegen Flöhe. Zwiebel- und Knoblauchbrühe setzt man bei Pilzbefall und gegen Milben ein. Jauche aus Rainfarn mögen Blattwespen und Himbeerkäfer nicht.

Die Heilwirkung des Alants ist seit dem Altertum bekannt. Er hilft bei Husten und Bronchitis, regt die Verdauung und die Nierenfunktion an. Der Volksmund kennt die aus Zentralasien stammende Pflanze als Helenenkraut, Alantwurz, Brustalant, Altwurz, Odinskopf, Großer Heinrich, Wodanshaupt, Odinskopf.

»Ich grabe meinen Garten nicht um. Das bringt das Bodenleben durcheinander, was wirklich nicht gut ist. Ich bringe Kompost zum Schutz der Mikroorganismen auf. Ich hacke den Boden leicht, ansonsten ritze ich ihn nur auf, um in die Vertiefung einzusäen und Pflanzen zu setzen. Für mich ist der Boden Leben und keine tote Erde.«

Viel zu oft werden diese Zeugen traditionsreichen handwerklichen Könnens gegen neue gesichts- und geschichtslose und untypische Zaunformen eingetauscht. Etwa 20 verschiedene, alte Zaunformen gibt es in Österreich, die alle zur Volkskunst zählen. Den Flechtzaun (Etterzaun) mit Spelten kennt man in Tirol, südlich von Innsbruck, im Schmurntal, Wipptal und in Südtirol.

Ein bäuerlicher Garten in Wain/Allgäu, aus dem das Wissen über den Umgang mit der Natur spricht. Ein Garten, in dem kein Kraut ohne Unkraut wächst, in dem alles mit allem zusammenhängt, in dem Arten und Farben sich mischen. Ein Bauerngarten, der zur Nachahmung einlädt.

Die Blumen in meinem Garten sind meine größte Freude

Auch in meinem Zimmer muss immer ein frischer Blumenstrauß stehen. Die Blumen, die in meinem Garten gedeihen, gehören in einen echten Bauerngarten. Man sagt, das seien Pflanzen, die eine Seele und Tradition haben. Bei mir gibt es keine neumodischen Sorten, wie man sie heute in allen Gartenkatalogen und im Gartencenter bekommt. Diese sind so hochgezüchtet, dass sie nichts mehr aushalten. Zwar werden sie schnell sehr schön, aber beim kleinsten Windstoß oder Gewitter liegen sie flach am Boden, und man muss sie ausreißen und wegwerfen. Nein, solche Blumen mag ich nicht. Sie sind der Mode unterworfen, und das gefällt mir nicht. Mein Wahlspruch lautet: »Natürlichkeit ist schön.«

Die Ringelblume ist eine Pflanze, die sich überall ausbreitet. Auch zwischen dem Gemüse wächst sie. Aber die gelbe Farbe der Blüten leuchtet so schön, dass ich sie überall, wo sie von allein kommt, stehen lasse. Schon Karl der Große sorgte durch die Landgüterverordnung dafür, dass diese Blume in jedem Bauerngarten angepflanzt wurde. Im frühen Mittelalter ist sie aus Asien zu uns gekommen. Wegen ihrer therapeutischen Wirkung war und ist sie auch heute nicht mehr aus unseren Gärten wegzudenken. Bei Geschwüren, Brandwunden, Quetschungen, Frostbeulen, offenen Beinen, selbst bei Brechreiz und sogar bei Krebsleiden ist sie hilfreich. Da sie sich selbst aussamt und verbreitet, ist sie auch nicht so leicht aus dem Garten zu vertreiben.

Die Kapuzinerkresse rankt sich an meinem Staketenzaun hoch und breitet sich auf dem Boden aus. Man kann ihre Blüten essen. Ab und zu streue ich sie über meinen Salat. Dieser herrlichen Blume ist nur ein kurzes Leben beschieden; sie ist eine einjährige Sommerblume.

Tagetes, auch Sammetblume, Studentenblume oder Stinkende Hoffahrt genannt, ist eine einjährige Sorte, die sich auch gut als Beeteinfassung eignet. Sie stinkt, wenn man sie berührt, und trotzdem darf sie nicht in meinem Garten fehlen. So schön ihre Blütenfarben auch sind, sie hat den Nachteil, dass die Schnecken sie mögen. Jeden Morgen und jeden Abend muss ich viele Schnecken von meinen Tagetespflanzen absammeln, sonst stehen bald nur

»Ich achte sehr darauf, dass in meinem Bauerngarten nur Blumen mit offenen Blüten wachsen. Dann können Schmetterlinge, Bienen, Hummeln und andere Insekten an den Nektar gelangen und sie bestäuben. Ich liebe die Musik der Insekten. All diese natürliche Schönheit ist Teil des großen Schöpfungsplanes, den ich nicht mit Genpflanzen stören möchte.«

noch ein paar traurige Stängel auf dem Beet. Tagetes hat nützliche, nematodenhemmende Wirkungen und Eigenschaften. Ob hoch oder niedrig, ich säe sie zwischen mein Gemüse.

Lässt die Königskerze den Kopf hängen, steht schlechtes Wetter bevor.

Die Königskerze wächst immer bei meinen Rosen, wo auch der Borretsch mit seiner blauen Farbe für schöne Farbkontraste sorgt. Das Mutterkraut ist eine Staude und steht bei den anderen Stauden.

Der Torbogen über meinem Gartentor ist mit einer rosablühenden Kletterrose bewachsen, die von einer blaublühenden Clematis umrankt wird. Dieser lebende Garteneingang bewirkt bei mir immer einen heimeligen Zauber und versetzt mich in eine heitere Stimmung. Durch den Staketenzaun drängen zahlreiche Blumen nach draußen, denen der Platz im Garten nicht mehr ausreicht. Sie bilden ein harmonisches Zusammenspiel und haben die Möglichkeit, sich um den Zaun herum auszubreiten. Das Holz der Zaunlatten ist bei uns nicht chemisch behandelt und auch nicht gestrichen. Deshalb ist er grau verwittert. An jenen Stellen, an denen er extremer Witterung ausgesetzt ist, haben sich Flechten und Moose angesiedelt. Da finden jetzt kleine Tierchen einen Lebensraum, und die sollen es auch bei mir gut haben.

Viele Blumen, die in meinem Garten wachsen, säe ich aus oder ziehe sie aus Ablegern und Stecklingen selbst nach. Wenn ich in anderen Gärten Pflanzen sehe, die ich noch nicht habe und die mir aber gefallen, lasse ich sie mir von anderen geben – meist im Austausch mit Blumen, die ich gezogen habe. Früher war es allgemein üblich, dass man am Gartenzaun Erfahrungen, aber auch Saatgut, Ableger und Stecklinge austauschte. Heute ist dieser schöne Brauch leider so gut wie verschwunden. Es wäre schön, wenn er wieder zu neuem Leben erweckt würde.

Sobald der Frühling kommt, stecken die ersten Frühlingsblumen ihre Köpfe aus dem Boden. An windgeschützten Plätzen sprießen die Schneeglöckchen, Krokusse und Winterlinge, später die Primeln und Märzenbecher, Osterglocken, Narzissen und Tulpen aus der nassen Erde. Auch wenn ein Schneegestöber nochmals alles unter sich begräbt, stecken sie, sobald der Spuk vorbei ist, ihre Köpfe wieder frisch und munter in die Höhe. Die Weinberg-Traubenhyazinthe war früher in vielen Bauerngärten zu sehen. Heute ist sie meistens, wie der Name schon sagt, nur noch in Weinbergen anzutreffen. In meinem Garten wachsen die Traubenhyazinthen im Frühjahr unter den Beerensträuchern.

Pflanz mich für zwei, so wachs' ich für drei.

Die Tulpe fehlt heute in keinem Garten. Aber bis sie in unseren Bauerngärten heimisch wurde, war es ein weiter Weg. Ursprünglich war sie in Persien und der Türkei beheimatet. Ein Gesandter des Kaisers Ferdinand II. brachte sie aus Konstantinopel seinem Freund, dem Ratsherrn Johann Heinrich Herwarth nach Augsburg mit. Sie wurde dort bestaunt und gehütet. Der Arzt und Botaniker Carolius Clusius züchtete Tulpenzwiebeln und verkaufte sie in verschiedenen Sorten. Der Wunsch nach solchen Blumen im eigenen Garten war so groß, dass sie sogar aus seinem Garten gestohlen wurden. Die Tulpe war eine Luxusblume, ihr Besitz signalisierte Reichtum. Kein Wunder, dass die Zwiebeln zu einem beliebten Spekulationsobjekt wurden. Auf dem Höhepunkt der »Tulpomanie« im 17. Jahrhundert konnte eine einzige Zwiebel so viel kosten wie ein Stadthaus. Heute bekommt man eine Vielzahl an Sorten zu kaufen. Gefüllte und ungefüllte Tulpen werden in unterschiedlichen Farbvarianten angeboten. Bis zu 300 verschiedene Sorten soll es geben. Bei mir gibt es nur die klassischen, einfachen, früh- bis spätblühenden Tulpensorten. Die Gartentulpe mit ihren gestreiften Blüten ist eine sehr alte Sorte. Sie war bereits zur Zeit des Dreißigjährigen Krieges bekannt.

**Dem Kompost und dem Mist
am wohlsten im Schatten ist.**

Mohnblüten sind zart wie Schmetterlinge. Sie sind Sonnenkinder und blühen am schönsten, wenn es warm ist und die Sonne scheint. Ab und zu hole ich mir eine Blume für die Vase ins Haus. Da sie gleich verblühen und die Blütenblätter abfallen würden, tauche ich das Stielende für ungefähr zwanzig Sekunden in kochendes Wasser. Mohn kann man leicht aus Samen selbst ziehen. Der zweijährige Islandmohn wird im Mai oder Juni direkt an Ort und Stelle ausgesät. Er blüht dann von Mai bis September und wird ungefähr zwanzig bis vierzig Zentimeter hoch.

Ich nehme mir viel Zeit und beobachte mit Muße das Heranwachsen der Wildkräuter und Blumen. Oft bin ich erstaunt, was für eine wunderschöne Blüte sich aus manch unscheinbarer Pflanze entfaltet.

Der Kompost ist die Sparbüchse des Gärtners.

Schon im 9. Jahrhundert wurden Blumen und Kräuter in Klostergärten systematisch kultiviert. Damals kannte man schon dreißig verschiedene Arten von Pflanzen, die auch zur Heilung von Krankheiten Verwendung fanden. Von dort aus gelangten die Pflanzen in die Bauerngärten.

Nicht wegzudenken aus meinem Garten ist der stolze, blaue Rittersporn. Es soll aus dem Mittelmeerraum stammen und im 16. Jahrhundert in unsere Region gelangt sein. In seinen unterschiedlichen Farbtönen von Blau, Violett über Rosa und Weiß blüht er von Juni bis August an sonnigen Standorten in lockeren, humusreichen Böden. Davor tummeln sich die bunten Löwenmäulchen. Sie sind einjährige Blumen. Ich säe sie jedes Jahr neu aus. Eine alte Sage berichtet, dass derjenige, der sich mit der Löwenmaulsalbe einreibt, einen »guten Ruf« bekommt. Auch für Liebeszauber und für allerlei Böses musste die schöne Pflanze herhalten.

Erfahrung ist der beste Mist.

Ganz besondere Schmuckstücke sind meine Stockrosen, die oft auch Stockmalven genannt werden. Leider sind sie aus vielen Gärten verschwunden. Zum Glück erinnert sich die junge Generation wieder dieser aufrechten, selbstbewusst anmutende Blume. Gelb, rosarot, dunkelrot und violett überragt sie kerzengerade den Gartenzaun.

Der gelbe Sonnenhut setzt im Staudenbeet einen Kontrast zu den verschiedenfarbenen Phloxen. Weiße und rosarote bis rote Blüten wechseln ab mit Mutterkraut und Glockenblumen. Dazwischen leuchtet immer wieder das Orange der Ringelblumen durch. Die Sonnenblumen, die ihre Rosetten in den Himmel strecken, überragen alles. An ihrem Fuß drängen sich die kleinen roten Blüten der Vexiernelken und die zarte, hellblaue Gretel im Busch. Fast nahtlos geht das Blütenmeer über in das Bunt der Strohblumen und wird vom kräftigen Rot der Kosmeen, auch Schmuckkörbchen genannt, und dem zarten Gelbgrün des Dills weitergeführt.

Wie schon gesagt, wechseln sich Nutz- und Zierpflanzen in meinem Garten miteinander ab und stehen nicht zufällig nebeneinander. Viele Pflanzen samen sich im Herbst selbst aus und gedeihen im Jahr darauf dort, wo es ihnen gefällt. Selbst Salatköpfe kommen in meinem Garten an Stellen, wo ich sie nie hingepflanzt hätte. Ich freue mich jedes Jahr darauf und warte und suche immer, wo sich wohl in diesem Jahr eine Überraschung findet. Kräuter, Gemüse und Blumen wachsen in einem gesunden Nebeneinander. Sie sind Nutzen und Zierde zugleich.

Kein Herbst ohne meine Dahlien. Mit ihrer altmodisch anmutenden Blütenform passen sie gut zu meinem Bauerngarten. In allen Farben leuchten sie in der Herbstsonne. Bevor es Winter wird, müssen die Knollen ausgegraben werden. In meinem feuchten Keller werden sie bis zum nächsten Gartenjahr aufbewahrt und vor Frost und Austrocknung geschützt.

Im März säe ich im Blumenkasten die Lampionblumen aus. Darin lassen sie sich gut kultivieren, bis man sie auspflanzen kann. Noch im späten Herbst leuchten die kleinen, orangefarbenen Laternchen im Garten. Rechtzeitig, bevor es kalt wird, schneide ich mir für das Haus einen schönen Strauß ab. Den ganzen Winter über erfreuen mich die kleinen Lampions in der Vase.

Die Fetthenne darf den Winter über in meinem Garten stehen bleiben. Die tiefroten Blütenstauden sehen im Winter bei Raureif und mit einer Schneehaube sehr schön aus und bilden einen Blickfang im Garten, auch wenn sonst nichts mehr blüht.

Wenn der Boden zu fest ist, erstickt die Frucht.

In meinem Bauerngarten dürfen alle Pflanzen wachsen und gedeihen, auch solche, die im Moment nicht mehr in Mode sind. Ich sage immer »Gutes, das sich bewährt hat, zu erhalten, kann niemals schlecht sein.«

Meine Liebe zu den Blumen ist so groß, dass der Platz im Garten nicht mehr ausreicht, um alle unterzubringen, die ich haben möchte. Deshalb habe ich viele in Töpfe gepflanzt: Geranien, Fuchsien, Glockenblumen, Fetthenne, Hortensie, Oleander, Schmucklilie, Zierspargel, Spindelstrauch, Petunien, Begonien und Pelargonien zieren mein Haus. Es macht schon eine Menge Arbeit, bis alles gegossen und gepflegt ist. Aber das ist eben mein Hobby, dafür lebe ich.

Rosen wurden im Bauerngarten noch im Mittelalter nur zu Heilzwecken angepflanzt. Im bereits zitierten Capitulare Karls des Großen steht an zweiter Stelle gleich hinter der Lilie »rosas«(Rosen). Allerdings kannte man damals nur ein paar unterschiedliche Sorten, aber für fast jede Krankheit hatte man ein Rosenrezept parat. Tausende von Sorten zieren heute die Gärten. Aus dem Bauerngarten sind die alten »Bauernrosen« mit den gefüllten Blüten und ihrem bezaubernden Duft nicht wegzudenken.

Aus feuchten Wiesen und lichten Wäldern Nordamerikas kommt der Sonnenhut *(Rudbeckia)*, auf den alle Kreuzungen zurückzuführen sind. Als ausdauernde, 60 bis 150 Zentimeter hohe Pflanze blüht er von Juli bis in den Oktober hinein. Extrakte aus der Wurzel werden als Wundheilmittel angewandt. Der Sonnenhut liebt einen sonnigen oder halbschattigen Standort und einen durchlässigen Boden.

Rechts: Die schönen, alten Bauerngärten dürfen nicht vollends in Vergessenheit geraten. Die Tradition unserer Vorfahren sollte wieder gepflegt werden. Es wäre wichtig, die alterehrwürdigen, oft längst vergessenen Pflanzen mit wohlklingenden Namen, würzigem Duft und satten Farben wieder in den Garten aufzunehmen, damit der Bauerngarten zu einem Refugium für diese, aber auch für Tiere und uns selbst wird.

An Gottes Segen ist alles gelegen. »Wir brauchen so wenig, und wir verlangen so viel. Was rechtfertigt unseren Anspruch auf den alltäglichen Überfluss, der uns weder gescheiter noch glücklicher macht, sondern bloß wie alles Überflüssige unser Leben verstopft, unseren Raum, unsere Zeit?« (Lotte Ingrisch)

Am reinsten und schönsten haben sich Bauerngärten und Bauernhäuser in ihrer ursprünglichen Form dort erhalten, wo man der Fortschrittseuphorie und vielfaltsfeindlicher Gleichmacherei kritisch gegenübersteht. Diesem von Menschenhand und -geist mit den Schönheiten der Natur geschaffenen Werken gehören unsere Bewunderung und unsere Liebe, ihnen gebühren unsere Achtung und unser Schutz.

Nicht ihre Namen muss man kennen – es genügt zu wissen, dass es sie gibt …

Den Schönheits- und den Nutzwert des Gartens steigert man, wenn man Monokultur vermeidet. Ohne Zuhilfenahme von Chemie hat man Freude am Wachsen und Gedeihen, dazu gesundes Obst und Gemüse.

Ein bäuerlicher Garten, der keine Ökosünde kennt. Getreu dem Leitspruch: »Man muss für das Neue aufgeschlossen sein und dennoch das gute Alte bewahren«, wird er seit Generationen gepflegt und gehegt.

Ein Bauerngarten mit Rondell, der durch seine Buchseinfassung und seine Blumenfülle das Herz manch eines Gartenfreundes höher schlagen lässt.

Ein Stück heimeligen Zaubers verspricht dieser Bauerngarten. Es ist ein Glücksfall, wenn man einem typischen Bauerngarten begegnet, mit einem Bauernhaus, das sich mit seinen grünen Fensterläden wohltuend von der kühlen Sachlichkeit heutiger Bauernhöfe abhebt.

Solche Bauerngärten und Bauernhäuser sind eine wahre Augenweide. Sie bewahren Schönheit, Harmonie und Tradition. Aus ästhetischen, ethischen und ökologischen Gründen ist dieses Ensemble schützenswert.

Links: In fruchtbaren Gegenden, in denen der Bauer wohlhabender ist, übertreffen Bauernhäuser mit ihren Bauerngärten hin und wieder alles, was wir heute über Schönheit und Tradition zu wissen glauben. Ein solches Bild begeistert, erschüttert aber auch, zeigt es doch, was an Schönem, Nützlichem und Erhaltenswertem auf dem Lande vernichtet worden ist.

Die Kosmee *(Cosmea bipinnatus)*, das beliebte Schmuckkörbchen, ist eine altvertraute Bauerngartenblume, die in Süddeutschland weit verbreitet ist. Es ist eine Schnittblume, die von Juni bis November blüht. Die anspruchslose, reich blühende Blume aus der Familie der Korbblütler gedeiht auch im Halbschatten.

Rechts: Die Schönheit alter Bauerndörfer wird wesentlich von traditionellen Bauerngärten bestimmt. Sie sind ein Geschenk, ein Stück Garten Eden. Sie sind Urbild einer intakten Umwelt und spiegeln keine Unnatur wider, wie sie uns allenthalben in Form von intensiv landwirtschaftlich genutzten Flächen, Zier- und Sportrasen und Rabatten umgibt.

Kräuterbücher beschreiben die Gladiole (gladiolus = kleines Schwert) seit dem 16. Jahrhundert als Heilpflanze. Aber erst vom 18. Jahrhundert an kennt man »zierende«, farbige Gladiolen im Bauerngarten. Die Urform ist am Kap der guten Hoffnung beheimatet. Es ist kaum zu glauben: Erbsen, Bohnen und Erdbeeren können die prächtigen Gladiolen nicht riechen. Sie gedeihen nicht gut in ihrer Nachbarschaft.

Heute hat sich die Vielfalt der Dahlie, auch Georgine genannt, zu einem unendlichen Reichtum an Farben und Blütenformen gesteigert. Die im Jahre 1789 aus Mexiko nach Europa gelangte Dahlie gilt als Stammart unserer heutigen Gartendahlien. Von Juli bis in den Herbst hinein erstreckt sich die Blütezeit. Nachtfröste bereiten der Blütenpracht ein jähes Ende. Zum Überwintern kommen die Wurzelknollen in einen frostfreien Keller, bis sie in der ersten Maihälfte wieder eingegraben werden.

Nur wenigen ist bewusst, dass man die Bauerngärten eines Tages schmerzlich vermissen wird, wenn sie einmal für immer verschwunden sind. Es bedarf keines weiteren Beweises als dieser Bilder, um deutlich zu machen, welch großen Wert diese Natur- und Kulturgüter für die Menschen haben.

Die Tulpe wurde 1560 eingeführt. Ihr Name wird von dem persischen Wort »dulbend« abgeleitet, von dem die Bezeichnung für eine orientalische Kopfbedeckung stammt, den Turban. Im Hintergrund erhebt sich die stolze Kaiserkrone *(Fritillaria Imperialis)*, die seit 1574 in den Gärten anzutreffen ist. Die ursprünglich in Persien und Kaschmir beheimatete Pflanze fehlte einst in keinem Bauerngarten.

»Wir haben sie wiederentdeckt, die schönen, alten Bauerngärten, die Zeichen sind für die Nähe des Menschen zu den Pflanzen, für seinen sorgenden Umgang mit ihnen. Die Gärten, in denen auch das Unkraut einen Platz hat, in denen nicht die sture Ordnung oberster Maßstab ist. Gärten, in denen Arten und Farben sich mischen, in denen ein Gemüse das andere schützt, in denen die Kräuter und Kräutlein wachsen, die seit Jahrhunderten der Küche die Würze geben und die manchen Schmerz lindern helfen.« (Dr. Walter Flemmer, Bayerischer Rundfunk)